KB236990

내 안의 무늬가 꿈틀거렸다

김혜식 수필집

수필과비평사

　사춘기 시절 가을을 지독히 앓은 기억이 새삼스럽다. 철이 들고부터 나는 유난히 계절병을 앓았다. 이를 치유하기 위해선 뭔가가 필요했다. 문학이란 용기가 내게 찾아온 것은 그 무렵부터다. 문학은 그로부터 내 안에 있어, 나를 충족시키는 요법이 되었는지도 모른다.

　그랬다. 문학은 내 가슴앓이를 치유하는 방편이었다. '나'라는 존재에 대한 성찰과 내적 독백의 배설을 위해 문학은 내가 오르는 산이었고, 그 산 정상에 수필이라는 첨탑이 놓여 있었다. 하지만 그 길이 용이하지만은 않았다.

　이러구러 늦깎이로 문단에 등단하였지만 창작활동은 만만한 게 아니었다. 어찌되었든 나는 젊은 날부터 남 모르게 글쓰기에 심혈을 기울여 온 것만은 사실이었다. 그래 문학에 대한 내 최초의 눈뜸은 가슴앓이를 치유하려는 의지에서 출발하여 내적 감각을 형상화하기 위한 최적의 용기가 되어 온 셈이다.

　돌아보면, 나는 문단에 등단할 무렵 또 한 번의 지독한 가을병을 앓아야 했다.

그때 동네 골목길에서 우연히 마주친 어느 상가喪家에 황급히 내건 '발등거리 등불'을 보면서 문학에 대한 열망을 가슴에 더욱 뜨겁게 품게 된 단초가 되었다. 이는 나로 하여금 삶과 죽음에 대해 깊이 고뇌하게 하였다. 죽음은 결코 소멸도 아니고, 삶의 끝도 아님을 문학을 통해서 그 해답을 얻기까진 십 년이라는 세월이 소요됐다.

글을 쓰면서 삶의 아름다움을 누릴 사람은 오로지 나女性뿐이라는 착각도 버려야 했다. 그것은 마음의 거울마저 닦는 일을 게으르게 하는 착각이었기 때문이다. 가슴속 거울에 내려앉은 세진世塵들을 백지白紙에 나열된 언어들로 깨끗이 씻을 때마다 먼 곳에 늘 존재한다고 믿어온 남성들의 모습이 그곳에 비치기 시작했다. 그들의 실체를 정확히 응시하고자 더욱 문학에 몰입하였는지도 모른다. 성차별이 없는 사회에서 비로소 인생의 참 행복을 구할 수 있다는 희망이었다. 그렇게 탄생한 것이 바로 이 수필집이라 할 수 있다.

생각하면, 그 동안 얼마나 많은 세월, 마음속에 수많은 덧씌움을 꿈꾸어 왔던가. 비록 그것이 가슴 저린 고독을 벗어나기 위한 나만의 안간힘이었는지도 모르지만, 어쩌면 그것은 자신에 대한 변명일지도 모른다. 그렇기에 헛된 욕망은 고통으로 자라나 나의 마음에 숱한 곡괭이질을 해 대었고, 그 때마다 손끝이 닿지 않는 곳의 행복을 탐내며 아픔을 감내하기도 했다.

　이제 내 마음 자락에 삶의 참다운 무늬를 수놓고 싶다. 비로소 내 안에 참다운 마음의 무늬를 수놓을 수 있는 기회를 얻었지 싶다.

　오늘의 내가 있기까지 내 문학에 대한 열망에 불을 지펴 주셨던 평론가 이유식 교수님과 경기대학교 이재인 교수님께 머리 숙여 감사드린다. 그리고 보이지 않는 곳에서 늘 나를 지켜주는 나의 마음 거울에게도 고맙다는 말을 전하고 싶다.

　아울러 내가 속한 여러 문학 단체의 정겨운 문우文友들과 문학의 열정을 한껏 가꿀 수 있도록 용기를 준 남편과 세 딸 민재, 민경, 규현이에게도 고마움의 의미로 이 책을 가슴으로 전하고 싶다. 끝으로 예쁘게 책을 내주신 『수필과비평』의 서정환 사장님께도 감사한다.

2006년 7월

河庭 서재에서 김 혜 식

▌ 차례

접시 닦는 남편이 아름답다

남편들이여! 유행가 가사 말대로
가사 노동에 지쳐 있는 아내를 위하여
오늘만이라도 앞치마를 두르고
접시를 닦아 보시라.
접시 몇 개 깬들 어떠랴.
아내와 사랑이 깨어지는 것보다 차라리
접시를 몇 개 깨트리는 게
인생에 있어서 더 이문 남는 일이 아니런가.

외간 남자 곁에 눕고 보니

느닷없이 털북숭이 다리 한쪽이 얼굴 위에 얹혔다. 그 서슬에 눈에서 불이 번쩍 났다. 콧등도 맞은 듯 콧날이 찡하다. 눈물이 찔끔 났다. 깜짝 놀라 옆을 바라보니, 건장하게 생긴 사십대 초반의 중년 남성이 내 곁에 누워 있었다. 그는 나와는 정반대의 방향으로 머리를 두고 누워서 코까지 골며 잠을 잔다. 졸지에 당한 폭행으로 나는 쏟아지던 잠이 순식간에 달아났다.

남자의 다리에 맞은 얼굴 부위의 아픔이 좀체 가시지 않고 얼얼했다. 두 손으로 얼굴을 감싼 채 어루만졌다. 곁에서 이런 내 모습을 지켜본 듯한 어느 아주머니가 나에게 말을 걸어왔다.

"새댁, 코피 쏟을 뻔했네. 다친 데는 없는교? 아이고, 저 아저씨 다리에 털 좀 보게나. 참 섹시하게 생겼네. 마, 아파도 참으시오. 잠결에 그런 것 같은데 이해하소. 이런 데나 와야 남의 남자 곁에 누워 보지 언제 누워 보는교. 밖에 나가 남의 남자 곁에 누워 보소. 대번에 음탕한 계집으로 몰리기 십상이제."

억센 경상도 사투리의 억양인 아주머니가 내 옆에 잠든 남정네를 바라보며 너스레를 떨었다. 그의 말대로 찜질방은 어느 누구나 이용할 수 있는 열린 공간이 아닌가. 그러니 생판 모르는 남자 곁에 누워도 허물이 되지는 않는다. 만약 은밀한 장소에서 남의 남자 곁에 누웠다면 당장 부정한 여인으로 비난 받을지도 모를 일이다.

나는 그 남자의 잠버릇으로 인한 곤혹을 더 이상 치르고 싶지 않았다. 그 곳을 떠나려고 일어섰다. 그러자 아주머니께서 자신과 자리를 바꾸자고 하면서 나를 붙잡았다. 하는 수 없이 그 곳에 자리를 잡았다. 나의 자리 옆엔 오십 대 초반의 점잖게 생긴 남성이 누워서 책을 읽고 있었다.

잠든 남자보다 책 읽고 있는 남자가 안심이 될 듯싶었다. 마음 놓고 찜질을 하며 다시 잠을 청했다.

얼마쯤 잤을까. 옆에서 책장 넘기는 소리에 눈을 뜬 나는 나도 모르게 소스라쳤다. 손만 뻗으면 내 옆 남성 몸에 내 손이 닿을 듯했다. 그곳에 벌렁 누워서 편안한 자세로 잠을 잔 내 행동이 왠지 조신하지 못한 것 같았다.

찜질방은 비록 남녀노소 구분 없이 사용할 수 있는 공개적인 공간임은 틀림없다. 그럼에도 엄연히 남녀가 유별한 것은 사실이다. 그곳에서 나는 외간 남자 앞에서 필경 꼴사나운 모습으로 잠을 잤을 것 같다. 그런 내 모습을 행여 상대방 남성이 훔쳐보았다면 얼마나 부끄러운 일인가. 남녀 차별의 성역은 무너져야 마땅하다. 하지만 여자로서 지켜야 할 품위와 교양마저 저버려서는 안 된다는 생각이 들자 몸둘 바를 몰랐다. 예전과 달리 세상이 바뀌어 양성 시대가 도래하고 있지만, 남녀 본연의 내면마저 바뀌지는 않았기 때문이다.

남녀는 성별이 다른 만큼이나 뇌 활동도 다르다고 한다. 사랑에 빠진 남녀의 두뇌의 변화를 연구한 어느 과학자의 발표가 매우 흥미롭다. 여성이 사랑에 도취되면 감성이나 주의력과 관련된 부위의 활동이 증가된다. 반면 남성은 성적 흥분과 시각 정보 처리 부위가 활발해진다고 한다. 그 연구 결과로 미루어보아 의식 자체도 남녀가 판이하게 다름을 알 수 있다.

이런 남성 앞에서 나의 적나라한 모습을 보인 것이었다. 그 남성은 어떤 생각을 하였을까. 설마하니 음심淫心이야 품었으랴. 만에 하나 그러했다면, 그런 마음을 제공해준 사람은 내 자신일지도 모른다. 그를 탓할 게 못 될 것 같아 종전의 일이 괜스레 걱정스러웠다.

내가 조금만 주의를 기울였더라면 당하지 않을 일이었다. 세상 모든 일이 남의 탓이 아니다. 잘못은 나에게도 있으므로 더욱 처신을 올바르게 해야겠지 싶다. 무엇보다 여성으로서 자신의 처신에 대한 주의 의식을 철저히 갖고 살아야 하지 싶다.

김혜식 수필집

넘어지는 남자

애소哀訴가 진한 여자의 눈물은 때론 남자의 마음을 움직이는 무기가 된다. 반면, 남자의 눈물은 사람의 심금을 울리는 힘을 지니고 있다. 남성 특유의 성정인 강인함 때문에 섬세한 감성을 지닌 여자에 비해 어지간한 일에는 흘리지 않는 희소稀少가치 때문일 게다.

한시漢詩에 의하면, 소리 없이 주르륵 흐르는 눈물은 '체涕'라 했다. 이런 눈물의 표현을 빌리자면, 오늘 우연히 보게 된 어느 할아버지의 눈물은 아마도 '체涕'에 해당이 될 성싶다.

동네 우체국을 찾았을 때 일이다. 평소 안면이 있는 할아버지 한 분이 갑자기 쓰러졌다. 할아버지를 부축해 가까스로 의자에 앉힌 후, 물을 한 컵 따라 드렸다. 간신히 정신을 수습한 듯 힘겹게 앉아 있는 그 분께 병원 응급실에 연락을 하겠다고 하였다. 할아버지는 나의 말에 소리 없이 흘리던 눈물을 황급히 주먹으로 닦으며 그렇게 해 달라고 고개를 끄덕였다.

그런 할아버지의 모습을 보자 왠지 측은지심이 들었다. 안색을 찬찬히 살펴보니 전과 달리 초췌한 얼굴에 병색이 역력해 보였다. 수족마저 제대로 못 쓰는 듯했다.

할아버지가 우체국 직원의 부축을 받으며 병원으로 실려 간 후, 할머니 한 분이 사람들과 나누는 이야기를 곁에서 귀동냥으로 듣게 되었다.

젊었을 땐 걸핏하면 아내에게 폭력을 휘두르는 폭군 남편이었다고 한다. 그런 난폭한 남편의 부당한 대우에 못 견딘 아내가 몇 해 전 이혼을 요구해 와 황혼이혼을 했다고 한다. 그 후 병마저 얻어 노년의 삶을 쓸쓸히 보내고 있다는 것이다.

아내가 없는 남편은 지붕 없는 집과 같은 존재다. 지붕이 없는 집은 인간이 살 수 없는 건축물이기에 집으로서의 효용가치가 있을 리 없다.

김혜식 수필집

그래서일까. '가정을 지키는 게 더 소중하다.' 라는 유명한 말을 남긴 미국 콜린파워의 행보가 심금을 울린다. 그는 걸프전의 영웅으로서 아내와 함께하는 시간을 더 많이 갖기 위해 국무장관까지 사임하고 가정으로 돌아갔다고 한다.

이제 머잖아 노년의 삶을 준비해야 한다. 지난날을 되돌아보니 삶이 찰나인 듯싶다. 요즘은 하루하루가 무척 소중하다. 그러므로 곁에 있는 남편에게 더욱 충실해야겠다는 생각마저 새삼 든다.

노년의 생활은 부부 간에 서로 의지하고 신뢰하는 마음을 더욱 돈독히 가져야 할 것이다. 그 간, 앞만 보고 달려온 삶의 굴레에서 한 발 벗어나 여유롭고 넉넉한 마음으로 삶을 영위하고 싶다.

그 할아버지가 젊은 날 남자라는 가부장적인 권위 의식과 아내에게 섬김만 받으려 했던 이기심을 버렸더라면 하는 아쉬움이 드는 것은 웬일일까.

아내의 존재를 감사히 여겼어야 했다. 그 동안 자신 때문에 흘린 아내의 눈물을 일찍이 가슴으로 닦아 주었더라면, 오늘날 그가 '넘어진 남자'는 되지 않았을지도 모를 일이다.

땅을 파는 남자

사람은 누구나 자신의 이익을 소원한다. 이를 어찌 혼자의 힘으로 얻을 수 있으랴. 먼저 남에게 베풀고 공을 들여야만 그 대가가 자신에게 다시 돌아온다. 가는 정이 있어야 오는 정도 있는 법이다. 엄밀히 보면 서로에 대한 공功이 아닐까 싶다.

공功은 모든 만물을 변화시키고 실존케 하는 힘을 지니고 있다. 무엇이든 성과 열을 다했을 때 일이 이루어질 수 있다. 그러므로 옛 속담에 '공든 탑이 무너지랴'라는 속담이 우연히 생긴 게 아닌 듯싶다.

어쩜 우리네 인생이 공功이 전부라 해도 지나친 표현이 아닐 것이다.

아침 운동을 하기 위해 마을 앞산을 올라 우연히도 한 남자를 만나게 되었다. 육십대 초반쯤 돼 보였다. 그는 산을 한 바퀴 돌고 산 정상에 이르러서 땅바닥에 나뭇가지로 무슨 글씨를 쓰는 것이었다. 처음 그 광경을 목격하고 하릴없이 땅에다 낙서나 하는 사람이려니 했다.

무슨 글자를 쓰고 있는가 싶어 가까이 가보니 그는 한자로 '功'자를 쓴 후 글자 모양으로 땅까지 파고 있었다. 궁금한 마음에 이유를 물었다. 그러자 그는 담배를 한 대 피워 물고는 서슴없이 "생애 어떤 일이든 제대로 공을 들이지 못하고 산 것이 한이 된다."고 했다. 그래서 요즘엔 남은 생이나마 남을 위해 최선을 다하여 살고 싶다고 했다. 그래서 산에 오를 때마다 자신과의 약속을 지키기 위해 '功'자를 쓰고 땅을 판다는 것이었다.

그리고는 묻지도 않는 이야기를 해주었다. 젊은 날, 시장에서 영세 상인들을 상대로 장사 밑천을 대주는 일을 했다고 한다. 고액의 이자를 챙기는, 소위 악덕 고리대금업이었다.

그가 시장에 나타나기라도 하면 울던 아이도 울음을 뚝 그칠 만큼, 성정이 포악하고 거칠었다고 했다. 하루라도 빌린 돈에 대한 이자가 연체되거나 원금을 제때 갚지 않으면 그 상인에게 엄청난 위협을 했다고 한다. 험상궂은 그의 인상으로 보아 그 포악성이 가히 짐작이 갔다.

그 후 그는 포악하고 욕심이 많은 성정 탓에 여러 사람들에게 못할 짓을 했다. 그러다 끝내 교도소를 마치 제집처럼 드나들게 되었다고 한다. 그런 그가 그 일에서 손을 씻게 된 것은 어느 소녀의 힘이 컸다고 한다.

오토바이를 타고 다니는 자신에게 한 올 한 올 정성 들여 털장갑을 짜서 어느 소녀가 선물로 주었다고 한다. 그것이 자신의 운명을 바꾸었다고 했다.

그 소녀의 아버지는 제때 이자를 못 내 그분에게 폭행을 당해 병원에 입원까지 했었다고 한다. 그런 자신의 부끄러운 손에 따뜻한 털장갑을 끼워 준 소녀의 배려가 개과천선의 길을 걷게 했다는 것이다.

그 이후로 그는 막노동판에 나가 노동일을 할망정 다시는 남의 고혈을 쥐어짜는 인간 말종의 행동은 하지 않았다고 했다. 지금도 노동일을 하면서 어려운 이웃을 돕는 일

김혜식 수필집

에 앞장서고 있다고 한다.

이렇듯 공功은 악을 선으로 교화시키기도 하며, 불가능을 가능으로 역전시키기도 한다. 공功은 인간만이 행할 수 있는 마음의 응집인 것이다.

그렇다. 공功은 인간을 변화시키고 세상을 움직일 수 있게 하는 신비한 힘이 있다. 공功이야말로 신이 인간에게 내린 최고의 아름다운 능력임은 두말할 여지가 없나 보다.

땅을 파는 남자. 그런 남자가 여럿이면 우리 사회는 그만큼 밝아지지 않을까 싶다.

날 보고 웃는 남자

그 남자가 날 보고 웃었다. 얼굴 가득 웃음을 머금고 있는 그 표정이 왠지 바보처럼 보이기도 했다. 한편으론 어린아이 웃음처럼 순수해 보여서 멋쩍게 그의 웃음에 화답했다.

어디 사는 누구인지, 무엇을 하던 사람인지 나는 알 리 없다. 삼십대 중반의 이 남자를 처음 만난 것은 작년 겨울 어느 날이었다.

눈발이 희끗희끗 날리는가 싶더니, 눈송이는 금세 온 누리에 소리 없이 쌓이고 있었다. 운영하고 있는 학원을 가기 위해 길에서 신호등을 건너려고 할 때였다. 신호등

김혜식 수필집

곁 차디찬 바닥에 웅크리고 앉아 있는 한 남자가 시선을
끌었다.

　처음엔 무심히 지나쳤다. 그 다음날도 나는 똑같은 장소
에서 그 남자를 만날 수 있었다. 자세히 보니 '양말'이라고
삐뚤빼뚤하고 조잡하게 쓴 팻말을 한 손에 들고 있었다. 남
자는 시선을 잿빛 하늘에 꽂고 멍하니 앉아 있었다. 그것을
본 나는 처음엔 어느 실직 가장이 하도 답답해 노점 행상이
라도 해보려고 거리로 나왔는가 보다라고 생각했다.
　그런 나의 추측은 날이 갈수록 빗나가기 시작했다. 도대
체 무엇을 향한 행동인지는 알 수 없어도 그는 '양말' 행상
엔 전혀 뜻이 없는 듯했다. 그저 먼 허공만 응시할 뿐이었
다. 지나가는 행인들에겐 눈길조차 주지 않았다. 더구나
그가 양말을 팔 목적이 아님을 한눈에 알 수 있었다. 그이
곁에 놓인 낡아빠진 비닐 가방이 물건이 없는 듯 홀쭉해서
이다. 그렇다 하여 좌판을 벌인 것도 아니었다.
　학원을 오갈 때마다 그 남자 곁을 스치며 나는 그 사람
에 관하여 나름대로 상상을 하곤 했다. 그러나 아무리 추
리를 해보아도 그 남자에 대한 어느 사실도 알아낼 수 없
었다.

그런 어느 날이었다. 그날도 평상시와 다름없이 그곳을 지나칠 때였다. 전보다 더 초라한 행색으로 그 남자는 길바닥에 앉아 있었다. 그 곁에 열대여섯 살쯤 되어 보이는 고만고만한 연령의 여자아이 둘이 함께 앉아 있었다. 남자의 두 딸인 듯했다. 아이들 옷차림으로 보아 그다지 궁색한 모습은 아니었으나 표정은 그리 밝지 못했다. 그런 아이들이 측은해 보여 나도 모르게 왠지 가슴이 찡했다.

그제서야 희미하나마 그 남자에 대한 의혹의 실마리를 다소 풀 수 있었다. 무슨 연유에서였는지는 모르지만, 현재 아내가 없는 게 분명해 보였다.

시간이 흐를수록 처음과 달리 그 남자에 대한 관심이 차츰 줄어들었다. 그런데 며칠 후에는 아이들이 그의 곁에서 보이지 않았다. 나는 또 궁금증이 생겼다. '아내가 없어서 양육하기 힘든 나머지 친척집에 맡겼을까, 아니면 혹시 고아원으로 보냈을까.' 보이지 않는 아이들에 대한 관심과 의문이 꼬리에 꼬리를 물고 일기 시작했다. 그렇다고 그이에게 선뜻 아이들의 행방을 물을 수도 없는 노릇이었다.

날이 갈수록 그 남자의 얼굴은 변해 갔다. 푹 눌러쓴

김혜식 수필집

모자 아래 초점 잃은 눈빛, 듬성듬성 돋아난 수염, 귀까지 덮은 머리카락은 영락없는 걸인의 모습 그대로였다.

어느 날 나는 용기를 내어 그 남자에게 다가갔다. 정말 양말을 팔고 있다면 몇 켤레나마 양말을 팔아주어야겠다는 동정심에서였다. 자주 대하다 보니 낯이 익어서 내가 말을 건네자 그는 아무런 경계심도 없이 순순히 말을 꺼냈다. 자신은 양말 장사엔 별로 뜻이 없고 세상살이가 너무 힘겨워서 도를 닦느라고 거리에 나와 앉아 있다고 했다. 그제서야 그가 정신이 온전한 사람이 아니라는 사실을 깨달았다. 남자에 대한 궁금증이 일었지만 더 이상 묻지 않고 얼른 자리를 떴다.

겨울이 점점 깊어갈수록 날씨는 살을 에듯 추웠다. 바람이 세차게 불고 수은주가 뚝 떨어졌다. 이 추운 겨울 밤, 그 남자는 어디서 어떻게 보내고 있을까 하는 염려가 생겼다. 엄동설한에 차가운 길바닥에서 신문지 몇 장이 전해줄 온기에 의지한 채 앉아 있는 그 남자를 보면 연민의 정까지 솟기도 했다. 아직은 한창 일할 나이인 젊은이가 아니던가. 제대로 사람 구실도 못하고 아까운 청춘을 헛되이 허비한다 생각하니 안타깝기조차 했다.

날 보고 웃는 남자

그가 거리에 나오기 전의 속사정이야 정확히 알 수는 없다. 부부 간의 불화였을까. 아니면 산업 사회 이후 초래된 물질만능 세태로 인한 따뜻한 인간애의 단절 때문일까. 어쩜 그것이 빚어낸 살벌한 인심이 그로 하여금 거리에 나와 매일 현실이 아닌 먼 꿈속을 헤매게 했는지도 모를 일이다.

무엇이 그를 가정 밖으로 밀어냈을까. 아파트 평수에 따라 사람을 평가하고, 타고 다니는 자동차의 크기에 따라 인격을 저울질하는 요즘의 세태 탓이 아닐까 싶다. 자신에게 별 도움이 안 되면 관계를 맺지 않는 우리의 표리부동한 마음 씀씀이도 그 남자를 거리로 내몬 원인 중에 하나일 것이라는 추측을 해볼 뿐이다.

남자는 오늘도 매연이 뒤덮인 거리에 앉아 있을 것이다. 세상사 모든 시름 따윈 아예 접어둔 듯 달관한 표정으로 말이다. 어쩜 전보다 더 망가진 외양으로 어딘가에 있을 유토피아를 그리워하며 먼 하늘을 향해 실없는 미소를 던지고 있으리라.

날 보고 웃는 남자. 그의 말대로 도를 닦으려면 산으로 갈 일이 아닌가. 굳이 거리에 나와 도를 닦고 있다고 하니, 어쩌면 현실과 사회에 대한 무언의 저항이 아닐까 싶다.

김혜식 수필집

무기여 잘 가거라

한 편의 역할극을 보는 듯하다. 요즘 여인들의 사회활동이 증가하는 추세여서인가. 아내를 도와 남성이 가사일을 도맡아 하는 가정이 늘고 있다. 하지만 아직도 남성 우월주의가 팽배한 게 현실이다.

그 동안 남성들이 휘두른 권위주의에, 약자인 여성은 어떤 대거리도 못한 게 사실이다. 오로지 자신의 숙명으로 여기며 아픔을 감내해야 했다. 이젠 그런 시대는 지난 듯하다. 여태껏 여성들이 음지에서 흘렸던 눈물을 보상이라도 받으려는 것일까.

제왕으로 군림하던 남성들을 권좌에서 끌어내리기라도

하려나 보다. 세상 한구석에선 요즘 이상한 일들이 벌어지고 있다.

여인들의 대반란이다. 제왕을 굴복시키려는 야심 찬 여왕들이 벌이는 '환락의 밤' 상대 주인공들이 야릇한 분위기의 궁전에 대거 대기 중이라고 한다. 그 주인공들이 벌이고 있던 '환락의 밤' 잔치 내용이 보도된 기사이다.

서울 모처에 증기탕을 차려놓은 어느 업자가 경찰에 구속됐다고 한다. 사연인즉, 그 업자는 인터넷을 통해 여러 명의 청년들을 모집, 자신의 업소에 고용했다고 한다. 개중에는 대학을 갓 졸업한 장래가 유망한 젊은이도 끼여 있다고 했다. 이들은 여성 성 매수자들에게서 몇 푼의 돈을 받고 성매매를 하다가 경찰에 발각된 것이다. 성 매수자인 여인들이 수십 명에 이른다는 내용이다. 무엇을 의미하는 것일까.

그 동안 감춰왔던 여인들의 성에 대한 갈망이 표면화되고 있다고 단정키엔 왠지 입맛이 씁쓸하다. 남자들이 그 주도권마저 쥐락펴락했던 원초적 본능이었다. 그 본능 앞에 여성들도 서서히 자신의 욕구를 솔직히 드러내는 대담성을 지닐 뿐이라는 추측만 앞설 뿐이다.

여성들의 숨겨온 원초적 욕망이 봇물처럼 터지는 현상은 그 동안 성을 터부시해 온 사회 정서 탓일지도 모른다. 오히려 그런 사회 현상이 음습한 곳에서 본능을 충족게 하는 원인으로도 작용했을 수도 있다. 저변엔 남성권위주의에 짓눌린 여성들의 무언의 항변도 한몫 거들고 있음을 감지할 수 있다.

남성들이 황제는 더 이상 아니다. 이젠 여성들이 저 악명 높은 14세기 나폴리 여왕 '요한나'처럼 환락의 대상으로 남성들을 물색하고 있다. 다시 모계 사회가 도래하는 것일까. 한때는 남성들을 이끄는 가장 큰 힘은 정력이었다. 정력으로 여성들을 지배하던 시대는 이미 간 듯하다.
여인을 지배하는 새로운 무기는 여성과 함께 삶을 향유하는 동행뿐이다. 그것만이 남성이 불변의 강자로 군림할 수 있는 최상의 행복한 선택이리라.

별을 보여주는 남자

기어코 그 남자가 일을 저지르고 말았다. 인간이 본능을 억제하며 산다는 것은 때론 큰 고뇌일 수도 있다. 더구나 인간의 원초적 본능의 욕구는 애써 자제할수록 내면에서 끓어오르게 마련인가 보다. 인간의 은밀한 욕망의 분출을 어찌 사회 정서와 흑백 논리로만 섣불리 단죄할 수 있으랴. 그의 내면의 아픔을 제대로 감지하지 못함에 있어서는 더욱 그러하다. 한때 오로지 아내와 자식들을 위해 여생을 바치기로 작심했던 터였다. 나는 그의 마음이 그리 쉽사리 한 여인 앞에 무너질 줄은 미처 몰랐다. 원칙대로라면 그는 자신에게 주어진 시간들을 참고 기다렸어야 했다. 그는 아직도 여성에게 하늘의 별일 수도 있다는 남성의 능력을 상실하지 않았던 게 사실이다. 이번 일이 그것을 여실히 증명하고도 남음이 있었다. 그러므로 그의 행동을 무조건 나쁘다고 질타할 수만은 없다.

우린 늘 숲을 바라보지 않고 나무 한 그루에 시선을 고정시키는 경우가 허다하다. 숲 전체가 병이 들고 있는 것은 염려하지 않고 나무 한 그루의 상태에 무익한 관심을 때론 쏟는다. 인간사도 이와 같은 이치가 적지 않게 적용될 때가 있다. 사회 전체의 병리현상 앞엔 눈이 멀면서 개인적인 허물에는 유난히 호들갑을 떤다. 비난의 화살마저 퍼붓기도 한다. 그러한 그릇된 시각은 정작 상대방의 입장이 되어보지 않아서일 것이다.

인간은 사회적 동물이다. 환경의 지배를 받게 마련이다. 또한 피치 못할 상황에 맞닥뜨리면 아무리 지혜로운 사람도 다소의 어리석음을 면치 못할 때가 있다. 그럼에도 남의 일은 자신과는 영원히 무관한 별개의 것으로 치부하고 있다. 조금이라도 자신의 잣대나 사회 정서에 어긋난다 싶으면 색안경을 끼고 바라보기 일쑤이다.

그는 살아 있었다. 더 이상은 푸른 하늘을 비상 못할

별을 보여주는 남자

날개라고 자존심마저 체념한 지 오래였다. 어쩌다 건강한 육신에서 슬그머니 일어나는 남성의 힘은 욕정의 날개가 되어 밤바람에 펄럭이곤 했다. 부부 간의 애정 결핍은 그의 뼛골을 파고드는 듯한 아픈 고독을 안겨 주었다. 아내의 무관심 속에 한동안 접어두었던 그 날개가 가끔씩 기지개를 켤 때도 있었다. 그럴 때마다 그것을 스스로 애써 접느라 그는 밤잠을 설친 적도 많았다. 그러나 이제는 상황이 달라졌다. 가슴속에서 펄펄 끓어오르는 자신감은 하늘이라도 머리에 이고 도리질 칠만큼 그의 내면에 엄청난 힘을 배가하고 있었다.

그 동안 얼마나 답답했을까. 남자로서의 형편없이 망가진 자존심이 문제였다. 그것을 영원히 어느 곳에서도 보상받지 못할 것으로 알고 살아온 지난 세월이었다. 그는 자신이 다니던 직장을 평생 직장일 줄 알고 청춘을 바쳤었다. 그러나 자신보다 유능하다고 자처하는 젊은이들에게 밀려나고 말았다. 자신의 어깨에 매달려 살았다고 믿었던 아내와 자식마저도 조기 유학이라는 명분으로 외국으로 훌쩍 떠났다. 그리하여 부득이 홀아비 신세가 된 지 수년여, 그에게 다가온 여인이 있었다. 그녀는 그에게 기러기

김혜식 수필집

아빠의 외로운 처지를 벗어날 수 있는 유일한 돌파구가
되었다.

　인생사엔 가끔 '풍선효과'라는 게 존재하는 것 같다. 바
람이 빵빵하게 든 풍선 한쪽을 죄면 또 다른 한쪽은 들어
간 바람이 팽창해져 불룩해진다. 자칫하면 그 풍선은 팽창
해져서 금방이라도 터질 듯하다. 그것을 뻔히 알면서도 풍
선을 죄고 있는 한쪽 손을 선뜻 놓지 못한다. 바람 든 풍선
이 허공으로 날아가 손아귀에서 놓칠지도 모른다는 두려
움 때문일 것이다. 금세라도 터질지 모르는 아슬아슬한 순
간에서조차도 당면한 문제를 해결하고 싶은 간절한 바람
에 의해서일 것이다.

　친정집 이웃에 살고 있는 남자는 요즘 생활이 '풍선효
과' 그대로이다. 외국에 나간 아내가 딴남자와 눈이 맞아
아예 살림을 차렸음에도, 그는 지금의 여인과 새로운 출발
을 서두르지 못하고 있다. 아침마다 구수한 된장찌개를 식
탁 위에 올려주는 그녀. 그런 그녀를 완전한 자신의 여인
으로 품지 못한다. 윤리와 도덕, 사회정서가 그의 발목에
꽤나 무거운 족쇄를 채우고 있어서이다.
　새로운 여인과의 부적절한 관계는 윤리와 도의에도 어긋

나는 일임을 잘 안다. 그 동안 아내와 사회로부터 받아온 냉대에 대한 보상 심리에서인지 이 문제를 자신의 허물에 대한 면죄부로 삼고 싶은 게 솔직한 그의 심정일 것이다.

　여인의 눈 속에 비친 자신의 모습은 너무나 큰 거인이었다. 지난날 아내의 눈 속에 보일 듯 말 듯 잠겨 있던 왜소한 자신의 모습은 진정 아니었다. 일류 대학을 나온 아내였다. 아이 교육만큼은 무엇보다 열성이었다. 하나뿐인 딸아이가 초등학교 때부터 상위권 안에 들도록 한 것도 모두 똑똑한 아내 덕임을 자신도 안다. 현재 살고 있는 53평의 아파트도 아내의 재테크 덕분에 어렵사리 장만했다. 그렇지만 그 남자는 왠지 그런 아내 앞에선 시든 화초처럼 점점 생기를 잃어가고 있었다.

　새로 만난 여인은 내세울 것도 없고 영악스럽지도 못한 수더분한 중년의 여인이다. 인간미라곤 눈곱만큼도 찾아볼 수 없었던 기계적인 아내와는 너무나 모든 면이 대조적인 여인이다. 식사때마다 마른 빵 한 조각으로 끼니를 해결해 주던 게으르고 구박이 심하던 아내였다. 그런 아내와는 달리 여인은 끼니마다 따끈한 밥과 정갈한 반찬으로 그의 건강을 챙겨주고 있다.

김혜식 수필집

　　매사에 순종하는 그 여인과의 생활은 지난날 ‘부록의 삶’을 살던 그에게는 행복한 시간일 뿐이다. 그는 모처럼 삶의 활력이 넘친다. 이제는 외국에서 딴남자의 여인이 된 아내, 자신의 능력을 무시하고 퇴출시킨 직장 상사, 모든 사람들에게 자신도 별을 보일 수 있는 남자임을 과시하고 싶다. 아직 그의 나이 사십대 중반을 넘긴 나이지만 더 이상 ‘부록의 삶’은 살지 않겠다는 각오가 대단하다. 가슴엔 온 우주를 끌어안을 수 있을 만큼 넘치는 힘이 있다. 한 여인을 진정으로 사랑할 수 있는 능력이 샘물처럼 가슴에서 솟구치고 있다는 사실을 만천하에 알리고 싶을 뿐이다.

　　그는 요즈음 어떤 난관도 얼마든지 헤쳐 나갈 수 있다는 희망에 가슴이 부풀고 있다. 세상 사람들에게 하늘의 별이라도 따서 보일 수 있을 만큼 삶의 의욕이 충천하는 이 남자에게 누가 감히 돌을 던질 수 있으랴.

별을 보여주는 남자

말馬, 목욕을 시작하다

중년 남성이 불륜에 쉽사리 빠지는 것은 자신의 존재에 대한 확신을 얻고 싶기 때문이라고 한다. 앞만 보며 내달려온 삶, 직장에서는 자신보다 유능한 젊은이들한테 등 떠밀리고, 가정에선 목소리 커진 아내 앞에서 기를 못 펴고 지내기 일쑤인 그들이다. 그 어디에도 발붙일 곳 없는 외톨이 신세가 되다 보니 엉뚱한 곳에서 위안을 받고 싶은 심경 탓일 게다.

사회의 구성원, 남편, 아이들의 아버지로서의 확고한 위치를 그 동안 누려온 게 남성들 아니었던가. 한때는 '여자 팔자 뒤웅박 팔자’라 하여 여자는 오로지 남편 잘 만나기 위해 명문대를 가야 했다. 남성들한테 사랑받기 위하여 헬스니 미용 전용 클리닉이니 성형이니 요란을 떨며 미를 가꾸는 데 전력을 기울이기도 했었다.

그만큼 ‘미美’ 하면 여성의 전유물이었다. 오로지 여성들이 아름다움을 추구하는 것은 본능이며 남성들에게 잘 보이기 위한 수단으로만 여겨왔다. 반면 남성들은 자신들의 얼굴이나 몸 상태에 무지할 만큼 ‘미’하고는 담을 쌓다시피 하고 살아왔다. 그러나 요즘은 ‘남성 그루밍(Grooming)’이 문화 코드로 자리 잡아가고 있다. 메트로 섹슈얼과 위버섹슈얼이 새로운 남성상으로 등장하면서 남성들의 몸 관리가 부쩍 늘어나고 있는 추세라 한다.

‘그루밍(Grooming)’이란 마부가 말을 빗질하고 목욕시켜주는 데서 유래된 말이다. 최근에는 피부나 모발 케어를 비롯해 성형이나 스타일 관리까지 포함하는 토털 패션 용어로도 쓰이고 있다.

남성들이 ‘그루밍’에 전념하는 것은 외모지상주의 시대에 발맞추기 위한 시대적인 발로이기도 하다. 무엇보다 치열한 생존 경쟁에서 살아남기 위한 처절한 몸부림일지도

말馬, 목욕을 시작하다

모른다. 나이보다 훨씬 젊어 보이고 멋있어 보여야만 남 앞에 능력 있어 보인다는 사고방식이 그들의 머릿속을 지배한다. 그래서인지 남성들도 이젠 서슴없이 자신의 얼굴에 메스를 대기를 주저하지 않는다.

남성은 여성과 달리 공격적인 성향 탓에 '남자다움' 그 자체가 멋이었다. 남성과 여성을 비교할 때 육체나 내면의 미를 굳이 따지자면, 여성은 가냘픈 몸매와 감성적인 성격이 특징이다. 반면에 남성은 단단한 근육질, 매사에 이성적이어서 냉철한 판단력과 굳은 의지력이 남성을 대표하는 이미지이다. 남성들은 그런 이미지만으로도 왠지 멋스럽다. 그럼에도 불구하고 유독 현대 남성들이 '남성 그루밍'에 매력을 느끼는 것은 왜일까.

그 동안 남성들의 그늘에 가려져 숨도 크게 못 쉬고 살아오던 여성들이 일으킨 대반란 때문인지도 모르겠다. '여성들도 호주가 될 수 있다.', '남성들에 밀리는 더 이상의 유리 천장은 용납 못한다.', 이는 여성들의 양성 시대를 앞당기는 구호들이다.

이러한 여성들의 거센 손길 앞에 그 동안 그들이 안주해 왔던 '가부장 제도'라는 탄탄한 요새가 흔들리고 있다. 아마도 여성들에 의해 그 요새가 머잖아 함락당할 수도 있다는 위기감 때문에 부쩍 '미'에 몰입하는 게 아닐까 싶다. 그들이 점점 상실하고 있는 남성의 권위, 그것을 '미'를 통해서나마 가까스로 세워보려는 안간힘은 아닐는지….

'남성 그루밍'의 역사가 이를 논증하는 것을 보며 다시금 강하게만 느껴왔던 그들이 불현듯 애처롭다. '남성 그루밍'의 역사는 아주 먼 선사시대부터 비롯됐다 하여도 과언이 아니다. 그 때 이미 부족 남성들이 흙과 자연 광석을 이용하여 얼굴과 몸에 화장을 한 것으로 역사는 알려주고 있다. 당시의 남성 화장은 아름다움이 목적이 아닌 권위와 전투 의식을 과시하기 위한 하나의 '의식'이었다고 한다. 그것을 요즘 다시 되찾고 있는 남성들이 딱하게 여겨지는 원인은 딴데 있다.

우리나라 여성들도 이탈리아 여성들처럼 날로 여권이 신장되고 있다. 신세대인 경우 이성 관계에서조차 여성들이 주도권을 잡으려 하고 있다. 그런 연유에서인지 남성들이 더욱 '그루밍'에 현혹되고 있다. 남성들의 나약함이 여실히 드러나는 한 단면이기도 하다. 남성들한테 자신들이 선택 받길 원하며 애쓰던 여성들의 예전 모습을 그대로 답습하는 듯한 느낌이다. 물론 그 이면엔 남성들이 자신을 관리하지 않으면 휴먼네트워크에서도 뒤질 수 있다는 심리가 일반화된 것도 간과할 수 없으리라.

남성, 그들은 잘 길들여진 야생마에 견줄 수 있다. 일에 대한 성취욕, 승부 근성, 미래에 대한 정열을 온몸에 짊어진 그들이다. 그들은 인생이란 거친 초원을 한시도 쉴 겨를 없이 힘차게 질주하던 한 마리 말이기도 했다. 그 야생마가 앞만 보고 내달리던 발굽을 잠시 멈추고 지금 따뜻한 물에 목욕을 하고 있는 중이다. 목욕을 하면서 모처럼 '나는 과연 누구인가'라는 자신의 존재 확인을 위한 시간을 조용히 갖고 있다. 이것에 여성들이 의아심을 품을 이유가 없으리라.

아름다운 육체에 아름다운 정신이 깃든다는 '영육일치靈肉一致'의 사상을 잊지 않은 화랑花郎의 후예인 남성들이다. 그러니만큼 '꽃미남'으로 변신하려는 그들의 의도를 너그럽게 헤아려 주는 여성들의 아량도 요구되는 게 현실이다.

여성들이 이젠 그들의 목욕을 도와주어야 한다. 비루먹지 않도록 그들을 돌보며 털을 손질해 주어야 마땅한 일이다. 오늘의 여성은 이미 '그루밍(Grming)', 그들을 부리는 마부로서 격상하고 있기 때문이 아닐까.

김혜식 수필집

접시 닦는 남편이 아름답다

어쩌다 친목 모임에 다녀오는 날이면 남편은 딸아이들한테 최고 아빠가 된다. 평소에 외식 기회가 적은 아이들이 그날만큼은 자장면, 통닭 등으로 포식을 하기 때문이다. 그런 남편이 언제부터인가 내가 집을 비울 때면 서툰 솜씨로나마 된장찌개도 끓이고 밥도 짓는다. 그뿐만이 아니다. 집안 구석구석 청소도 말끔히 해놓고 아이들이 벗어놓은 옷가지들을 세탁기에 넣어 빨래까지 한다. 젊었을 때는 물 한 그릇도 스스로 떠 먹지 않던 사람이 갑자기 돌변한 이유는 무얼까. 남편에게 슬쩍 연유를 물었다. 남편의 대답은 의외였다.

젊은 날 미처 아내의 소중함을 모르고 지냈다는 답변이었다. 이제 나이가 든 탓인지 아내의 존재에 대하여 새삼 깨닫게 되었다고 했다. 어떤 방법으로 나를 행복하게 해 줄까 궁리를 하다가 바쁜 나를 위해 집안일을 거들기로 마음먹었다고 한다. 그런 남편의 마음 씀씀이가 나로선 그저 고맙고 미더울 뿐이다.

부부가 나이 들면서 서로를 배려해 줌은 매우 바람직한 일이다. 지금 우리 사회의 황혼 부부 중에는 '한 지붕 두 가족'이 많다고 한다. 한 집안에 살면서 각방을 쓰는 것은 물론, 심지어는 화장실, 전화기까지 각자 나누어 쓴다고 한다. 이쯤 되면 노년의 삶이 결코 순탄한 것만은 아닌 듯하다. 사정이 이 지경에 이르기까지는 젊은 날부터 지니게 된 서로 엇갈린 사고방식 때문이 아닐까 싶다. 남편은 오직 아내에게 섬김만 받았을 뿐, 아내를 위해 사랑을 베푸는 데는 서툴렀던 게 아닐까. 남자라는 권위의식에서 나온 명령적 어조나 아내를 억누르는 태도가 부부 사이를 멀게 하는 요인이 되었으리라.

아내는 집안의 거울이며 인생 바다를 함께 헤쳐 나가는 배와 같다. 아내의 마음이 편치 않으면 집안 분위기는 얼

김혜식 수필집

음장처럼 냉랭하다. 그럼에도 일부 남편들은 아직도 늘 곁에 아내가 있어서인지, 아내의 존재를 대수롭지 않게 생각하는 것 같다.

나무가 잎이 없고 가지가 없다면, 나무로서 가치를 잃을 것은 자명하다. 곁에 아내가 없는 남자야말로 잎과 가지가 없는 볼품없는 나무나 다름이 없다.

하여, 남편들이여! 유행가 가사 말대로 가사 노동에 지쳐 있는 아내를 위하여 오늘만이라도 앞치마를 두르고 접시를 닦아 보시라. 접시 몇 개 깬들 어떠랴.

아내와 사랑이 깨어지는 것보다 차라리 접시를 몇 개 깨트리는 게 인생에 있어서 더 이문 남는 일이 아니런가.

접시 닦는 남편이 아름답다

하늘을 만지다

부모라면 마땅히 자식만큼은 자신들의 현재의 삶보다 더 나은 생을 살아가기를 소망한다.

자식에 대한 부모님의 크나큰 사랑 중에는 항상 모성애가 으뜸으로 자리하고 있었다 해도 과언이 아니다. 하지만 부성애도 모성애 못지않음을 내게 보여준 이가 있다.

그의 직업은 구두닦이 찍쇠이다. 찍쇠란 구두를 닦는 사람들끼리 통하는 호칭이다. 그의 역할은 마을 인근 사무실이나 사람들이 모일 법한 장소를 찾아다니며 닦을 구두를 수집해 오는 일이다.

어떤 사연에 의해서인지는 모르겠다. 한쪽 팔이 불구인 그는 벌써 몇 년째 하루가 멀다 않고 구두를 넣는 망태기를 둘러메고 동네 학원가를 누비고 다닌다. 학원 선생님들의 신발을 수집해 가느라 늘 바쁜 일상인 것 같다.

그의 행색은 항상 남루하다. 꾀죄죄한 얼굴엔 시커먼 구두약까지 덕지덕지 칠해져 있다. 때론 혼자 목청껏 유행가도 부르며 골목골목을 기웃거리며 다닌다. 그런 그가 어린 아이들 눈에도 비정상으로 보였는가 보다. 그가 우리 학원에 들어오면 아이들은 겁먹은 표정으로 얼른 선생님 등 뒤로 몸을 숨기기 일쑤다.

선생님들이 그를 대하는 태도도 무척 냉담하다. 그가 학원에 나타나면 재빨리 교실 문을 닫거나 화장실로 몸을 피하며 마치 징그러운 벌레를 대하는 듯하다.

남들의 눈치를 아는지 모르는지 그는 하루에도 몇 번씩 우리 학원에 찾아온다. 어느 땐 닦을 필요도 없는 구두를 내놓으라며 막무가내로 나에게 떼를 쓰기도 한다. 그럴 때마다 그의 그런 행동이 무척 야속했다. 한편으론 왠지 모르게 연민을 느껴 천 원짜리 지폐 몇 장을 그의 손에 쥐어 돌려보내곤 하였다.

그는 타인에 대한 염치나 예의 따위는 안중에도 없이 제멋대로이다. 그렇게 밑바닥 생활을 쉽사리 청산하지 못하던 그가 점심때쯤 난데없이 양복을 깔끔하게 차려입고 내 앞에 불쑥 나타났다. 그의 갑작스러운 변신이 너무나 의외여서 하마터면 그를 몰라볼 뻔하였다. 그의 단정한 외양에 어찌된 영문인지 몰라 어리둥절해 했다.

그러나 그는 그런 나를 아랑곳하지 않고 무엇이 그리도 즐거운지 연신 입가엔 싱글벙글 웃음을 띠며 먼저 말을 꺼냈다.

"원장님, 저는 방금 맑고 푸른 가을 하늘을 이 한쪽 손으로 만지고 왔습니다. 나이 사십 줄에 들어서 처음으로 만져본 하늘이었습니다."

그는 한쪽 팔을 높이 들어 마치 하늘이라도 만지는 듯한 시늉을 하며 뜬금없이 이치에 닿지도 않는 말을 지껄였다. 그의 언행으로 보아 필경 이젠 정신 상태까지 온전치 못한 지경에 이르렀구나 생각했다. 불현듯 동정심에 그의 안색을 찬찬히 살펴보았다. 그리고는 슬쩍,

"하늘을 만지다니요? 어디 좋은 자리 취직이라도 하셨

김혜식 수필집

나요? 아님 로또 복권이라도 당첨되셨나요?”

라고 말을 건넸다. 그러자,

“원장님, 아서다시피 저 같은 놈이 무슨 일을 할 수 있겠습니까. 저는 평생 구두를 닦느라 직업상 남이 신고 있는 구두만 쳐다보았으나, 땅만 굽어보고 살면서도 길에 떨어진 동전 하나도 남의 것은 거저 취하지 않았습니다. 로또 복권 당첨 같은 것은 기대도 안하고 사는 놈입니다.”

정색을 하며 전과 달리 의연한 태도로 말하는 그의 당당한 기세에 나는 순간 기가 죽었다. 잠시 나는 할말을 잃고 말았다. 그러나 머릿속에는 느닷없이 변신한 그의 외양과 언행에 대한 의문이 꼬리에 꼬리를 물고 이어졌다. 그래서 고개를 갸우뚱거리고 있는데, 그는 한쪽 손으로 나의 손을 갑자기 덥석 잡으며,

“원장님, 그 동안 고마웠습니다. 저같이 보잘것없는 놈에게 닦을 구두가 없으면 몇 푼의 돈일망정 제 손에 쥐어 주시고, 제가 이곳에 올 때마다 박대하지 않으시고 따끈한 차를 대접해 주셔서 얼마나 고마웠는지 모릅니다. 여느 사람들은 제가 구두를 닦으라고 하면 아예 못 들은 체 외면하고 심지어는 문도 안 열어주는 사람들도 많았습니다. 오

늘은 특별한 날이어서 이렇게 원장님께 고맙다는 인사를
드리려고 오랜만에 양복을 입고 찾아뵈었습니다.”
라고 정중히 말을 하는 것이었다.

나는 그의 말을 듣고 얼굴이 화끈거렸다. 솔직히 나도
지난날 그가 구두를 닦으라고 억지를 부릴 때는 참으로
귀찮았다. 그가 제발 우리 학원에는 더 이상 발걸음을 하
지 말았으면 하는 생각을 한 적도 많았다. 그런 나에게
고맙다고 인사치레를 하니 왠지 마음이 편치 않았다.

뜻밖의 그의 출현에 대한 의구심이 좀처럼 풀리지 않았
다. 그의 신상 또한 궁금하여 자초지종을 캐물었다. 시골
에서 열아홉 살 때 가출하여 어느 공장에서 일을 하다가
기계에 한쪽 팔을 잘렸다고 한다. 그 무렵 같은 처지의
장애 여인과 사랑에 빠져 아들 하나를 얻었으나, 아내는
지병으로 아이가 세 살 때 이미 세상을 떠났다고 했다.
성하지 않은 몸으로 갖은 고초를 다 겪었다고 한다. 오로
지 아무 탈 없이 밝게 자라주는 아들에 대한 희망으로 온
갖 고생을 이기며 오늘날까지 버텨왔다고 했다.

그런 아들이 어느덧 장성하여 엊그제 서울 어느 명문대
에 합격을 하였다고 한다. 희소식을 들은 그는 하늘을 우

김혜식 수필집

러러보며 하염없이 기쁨의 눈물을 흘렸고 태어난 이래로 처음으로 하느님께 감사하다는 기도를 올렸다고 했다.

지난날 그는 그의 말대로 직업상 땅만 굽어보며 살아온, 아무도 알아주지 않는 하층민의 삶이었다. 아무리 직업에 귀천이 없다고는 하지만 아직도 이 사회는 학벌을 우선시한다. 사회적 지위와 명예도 목숨처럼 여긴다. 그러다보니 높은 자리에 있는 사람들은 뭇사람들의 선망과 존경의 대상이 된다. 그들 옆에만 서 있어도 그 후광이 자신에게 비춰지지 않을까 하는 착각에 의해서인가 보다. 명예와 사회적 지위 앞에 오늘도 허황된 걸음으로 서성인다. 이런 세태에 살면서 그는 구두닦이라는 천한 신분 때문에 사람들 앞에서 기 한번 못 펴고 지내왔으리라.

그런 그의 분신이나 다름없는 아들이 지방에서는 낙타가 바늘귀 들어가는 것만큼 합격하기가 어렵다는 서울 명문대에 수시로 합격을 한 것이다. 그 기쁨이 오죽했을까 싶다.

나 역시 자식을 둔 어미로서 그의 심정을 충분히 이해할 수 있다. 더구나 성치 않은 몸과 홀아비의 처지로 키운 아이가 남들이 부러워하는 명문대에 합격했으니, 그 감회를 무엇으로 다 표현할 수 있으랴.

진정 그이야말로 오염되지 않은 청명한 가을 하늘을 가슴으로 만진 사람이 아닐까 싶다. 하늘은 전지전능하신 신과 같은 존재라 아무도 그 표면을 직접 만진 사람이 아직은 이 세상에 없지 않은가. 자신의 아들을 통하여 여태껏 땅만 내려다보며 사느라 굽어진 허리를 이제는 힘차게 펴서 벅찬 가슴으로 하늘을 만진 유일한 사람이리라.

반면교사半面教師

살면서 자신의 삶의 사표師表로 삼으려 하는 대상의 기준은 사람마다 제각기 다르다. 나의 경우, 그 동안 '학식과 인품이 높아야만 생의 사표師表 대상이 될 수 있다.'라고 고집해 왔던 게 사실이다. 그러한 나의 고정관념이 다소 그릇됐음을 깨닫게 한 분을 우연히 만난 일은 다행한 일이다.

며칠 전 일이다. 수은주가 연일 삼십 도를 오르내리는 무더운 한낮이었다. 초라한 행색의 노인 한 분이 손수레 위에 잔뜩 고물을 싣고 아파트 언덕길을 힘겹게 올라가고 있었다. 마침 그곳을 지나치던 나는 그 모습이 왠지 애처로웠다. 나 자신도 모르게 손수레 뒤를 밀어주게 되었다. 그는 연신 얼굴에 흐르는 땀방울을 미처 닦을 겨를도 없이 가쁜 숨을 가까스로 고르고 있었다. 손수레를 언덕 위까지 간신히 몰고 간 그는 나에게 고맙다고 인사를 깍듯이 하였다. 나는 심신이 몹시 지쳐 보이는 듯한 그분의 모습에 불현듯 연민의 정이 솟구쳤다. 얼른 근처 슈퍼마켓에서 시원한 음료수를 한 병을 사 건넸다. 그러자 숨도 쉬지 않고 단숨에 들이켰다. 손수레 뒤를 밀어준 것도 고마운데, 음료수까지 사주어서 너무 고맙다며 내게 인사말을 건네어 왔다.

사소한 일에도 감사해 하는 그분의 인간적인 면에 나는 이끌렸다. 노인의 외양을 다시 찬찬히 뜯어보았다. 행색은 비록 초라하나 어딘지 모르게 외모에서는 지적인 면모를 풍기고 있었다. 노인의 전직 신분이 고물 상인이 아니었음을 알아챌 수 있었다. 실례인 줄 알면서도 넌지시 신상에 대해서 물어보았다.

젊은 시절 한때는 서울 모 고등학교 교사였다고 했다. 교사 생활에서 오는 스트레스를 풀기 위하여 호기심에 마

김혜식 수필집

약을 시작했다고 한다. 마약은 자신의 젊은 날을 환락에 탐닉게 하여 청춘만 쓸모없이 허비하게 만들었다고 했다. 마약 사범으로 몰리기까지 했었나 보다. 법망을 피해 깊은 산중에 있는 사찰에서 몇 년을 숨어 지낸 부끄러운 과거도 있다고 고백했다.

쾌락의 덫은 그를 옴짝달싹 못하게 가두었다고 했다. 한때는 그것을 구하는 일이라면 이성을 잃은 채 투전판도 기웃거렸고, 공사판에 뛰어들어 노동일도 마다않았다고 한다. 오로지 마약을 구하는 일만이 그의 삶의 전부가 되다시피 했었나 보다. 미처 구하지 못하면 중독에 의해서인지 무기력 상태에 종종 빠졌었다고 한다.

그 즈음, 자신을 갱생의 길로 인도한 사람은 다름 아닌 친구의 소개로 만난 지금의 아내라고 했다. 그 여인은 십여 년 전 맨주먹인 자신을 만났다고 한다. 연약한 여인의 몸으로 택시 운전을 하며 가정을 이끈 아내가 얼마 전 불의의 교통사고를 당하게 되었단다. 하는 수 없이 아내 대신 생계를 위해 이 일을 하게 됐다고 했다.

잠시 이야기를 멈춘 그는 지난 추억에 잠기기라도 하는 듯 멍하니 허공을 바라보았다. 담배를 한 개비 피워 물며 이내 자신의 과거에 대하여 다시 소상히 내게 털어놓았다.

젊은 날엔 마약이라는 헛된 짐을 잔뜩 어깨에 둘러메고 살았다고 했다. 쾌락에 대한 열망만 가슴에 가득 품은 채 힘겹게 삶의 오르막길을 올랐다고 했다. 마약이 가져다주는 환락에 마냥 젖어서 꿈속에서 그리던 유토피아가 삶의 오르막길 어느 한편에 존재하는 줄로만 믿었다고 했다. 하나 그러한 자신의 믿음이 현실에는 존재하지 않는 허상이었음을 뒤늦게나마 깨닫게 되었나 보다. 그 허깨비 같은 쾌락의 짐을 등에서 내려놓으니, 이제는 비록 비천한 일을 할망정 마음은 더없이 편안하단다.

요즘은 지난날을 회개하는 뜻에서 고물 판 돈으로 자신보다 더 처지가 딱한 이웃들을 돕고 있다고 했다. 얼마간의 도움을 주기 위해 수입의 10%를 꼬박꼬박 떼어내어 고아원에 기부하고 있다고 한다.

지난날 마약의 검은 덫이 자신의 청춘을 볼모로 삼아 그 올가미에서 차마 벗어나지 못하던 그였다. 지천명의 나이에 이르러서야 문득 쾌락에 빠져 살았던 자신의 삶이 허황한 삶이었음을 깨닫고 현실을 직시하게 된 듯싶다.

삶의 실체를 올바르게 응시하게 됐다는 지천명의 나이

는 후반생에 속한다. 후반생인 내리막길을 걸으면서 그분은 그제야 인생의 진정한 의미에 대하여 비로소 눈을 뜬 것 같다.

젊은 날의 전반생을 돌이켜보면 마약을 구하려는 욕심에 집착해 살아온 삶이 전부라 할 수 있다. 그 동안 여느 사람들은 젊은 날엔 미래의 생을 더욱 행복하게 살기 위한 방편으로 오르막길을 정신없이 올라갔다. 반면 그분은 오직 자신만의 쾌락을 얻기 위하여 그곳에서 미끄러지지 않으려 안간힘 썼었던 게 분명하다.

생의 오르막길을 오르면서 그분의 등에는 늘 마약이라는 환락의 욕망 보따리가 무겁게 짊어져 있었다. 이젠 내리막길을 걸으면서 아무런 미련 없이 그 부끄러운 짐을 하나씩 평지에 부려놓았다. 쾌락의 늪을 비로소 헤어나게 된 것이다. 어찌 보면, 순탄하게 오르막길을 오른 사람보다 더 그분은 인생의 새로운 전환점을 맞이한 셈이다.

그분의 후반생은 지난날 잘못 들어선 길을 과감하게 벗어나 마약의 강한 유혹도 물리쳤다. 성실한 삶을 살면서 딱한 이웃까지 돕고 있는 점이 나의 시각으로 볼 땐 귀감으로 삼을 만한 생이다. 한편 그분의 전반생은 나의 반면교

반면교사反面教師

사半面敎師가 되어 젊은 날 자칫 쾌락에만 너무 몰입하면 결코 성공한 인생을 살 수 없다는 것을 일깨워 주었다.

절반의 삶이라 할 수 있는 젊은 날은 마약과의 악연에 얽혀서 폐인의 길을 걸어온 노인. 그러나 그도 지금은 사랑하는 여인과 맺어진 아름다운 인연에 의하여 다시금 새사람으로 거듭났으니 얼마나 다행이랴 싶다. 새삼 인연의 본질이 중함을 일깨운다.

그래 노인은 나의 반면교사半面敎師였다.

김혜식 수필집

신발 속의 부처님

선남선녀들이 사랑의 본질을 꿰뚫어 볼 수 있다면 애절한 사랑의 감정 때문에 가슴앓이를 하는 일은 별로 없을 것이다. 남녀 간의 사랑은 준비된 감정이 아니다. 예기치 않게 어느 날 갑자기 온 마음을 엄습해 온다. 사랑의 감정은 어느 누구도 피할 수 없는 불가피한 마음의 반란인가. 그렇기에 소설가 이제하는 자신의 작품인 「유자약전」이라는 소설 속의 사랑을 소개하는 글에서 사랑은 "절망, 그것으로부터 연애의 출발이자 전부"라고 갈파했나 보다.

가장 이상적인 사랑의 형태는 뜨거워진 자아와 자아 사

이의 팽팽한 긴장과 대치, 조화와 화해라고 한다. 사랑의 궁극적인 목표는 상대를 위해 자신을 아낌없이 내던지는 숭고하고 지고지순한 감정이 아닐까 싶다. 남녀 간의 사랑은 오로지 순수한 사랑일 뿐이다. 어떤 목적에 의한 수단이 되어서는 더더욱 안 된다. 그런 나의 지론을 뒤엎는 일이 있었다.

평소 친분이 있는 여인을 우연히 길에서 만났다. 전보다 모습이 수척해 보였다. 어디 아픈 곳이라도 있었느냐는 나의 질문에 반갑게 손을 잡는 그녀는 대답 대신 눈물부터 글썽였다. 그녀의 태도로 미루어 보아 필경 무슨 곡절이 있었구나 싶어 연유를 물었다.

갑작스레 불의의 사고로 남편을 잃은 그녀가 몇 달 전 가정이 있는 중년의 남성과 눈이 맞아 정분을 나누었다고 했다. 엄연히 상대방은 가정이 있고, 또 사회적 지위도 있다 보니 절름발이 사랑은 몇 달 만에 파경을 맞게 되었다고 한다. 무엇보다 그녀가 견디기 힘든 것은 그 남성의 변심 후 일어난 일이었다. 의도적으로 주변의 몇몇 사람 앞에서 그녀를 비난하고 다닌다는 것이었다. 그녀 자신도 사랑에 눈이 멀어서 가정이 있는 남성을 사랑한 죄의식

김혜식 수필집

때문에 마음이 무척 괴로웠다고 한다. 엎친 데 덮친 격으로 한때나마 절절히 사랑했던 남성이 자신을 험담을 하고 다녀서 심한 배신감까지 든다고 했다.

그 말을 듣고, 난 왠지 입맛이 씁쓸했다. 정녕 그 여인을 한 여자로 사랑했었다면, 그녀를 향해 돌팔매질하는 세상의 이목으로부터 든든한 방패막이가 되었어야 할 남성이다. 하물며 여인을 비난하고 다닌다 하니, 그의 사람 됨됨이가 의심스럽기까지 했다.

그녀의 말대로라면 그 남성은 참으로 치졸한 사람이 아닌가. 사랑의 진정한 의미가 무엇인지도 모른 채 한낱 여인을 성적 노리개로밖에 여기지 않았다는 사실에 분개하지 않을 수 없었다.

누가 말했던가. 불륜도 진정한 사랑이었다면 아름다운 것이라고. 물론 사회 정서와 윤리, 도의에 어긋나는 불륜을 두둔하려는 것은 아니다. 다만 그녀는 진실로 그 남성을 사랑했었다고 한다. 그런 그녀에게 등을 돌린 것도 그녀 입장으로선 크나큰 상처이다. 불륜 사실이 주위에 알려지자, 비난의 화살을 피하기 위하여 자신만 발뺌하고자 하는 그 남성의 작태가 무척이나 역겨웠다.

신발 속의 부처님

그녀는 신고 있던 운동화 한 짝을 얼른 벗어서 내 앞에 불쑥 내밀었다. 돌발적인 그녀의 행동에 당황했지만, 운동화 속을 자세히 들여다보니 깔창 모양으로 코팅된 남성의 사진이 신발 속에 들어 있었다. 뜻하지 않은 그녀의 행동에 의아했다. 왜 사진을 이런 방법으로 간직하게 됐느냐고 묻자, 얼마 전만 해도 밤마다 그 남성의 사진을 품에 안고 그리움을 달랬다고 한다. 불교신자인 그녀에게 그 남성은 부처님과 같은 존재였다고 했다. 신처럼 마음으로 떠받들던 그가 변절하자 복수심으로 신발 속에 사진을 넣고 다닌다고 했다. 이젠 자신의 두 발로 그 남성을 짓밟고 싶을 만큼 그가 미워졌다는 그녀의 말을 듣고 사랑이 식으면 엄청난 증오가 된다는 말을 실감했다.

사랑은 흔하다고 흔히 말한다. 그렇지만 인간의 삶에 필요 불가결한 것이 사랑의 감정이기도 하다. 그러한 사랑도 그 본질을 벗어나면 때론 다양한 얼굴을 지닐 수 있다는 것을 영화나 소설을 통해 엿볼 수 있다.

일본에서 실제 있었던 일이다. 그것을 소재로 한 '40일간의 사랑'이라는 부제가 달린 〈완전한 사육〉이라는 영화는 한 남자의 뒤틀린 소유욕이 가미된 사랑 이야기이다.

김혜식 수필집

주인공 하루카는 여고 때 우주인이 자신을 데려갈 것이
라는 망상에 사로잡혀 지내다가, 어느 40대 남자한테 자
동차로 납치돼 집안에 감금되어 지낸다. 남자는 학원 강사
였지만 하루카의 몸엔 손도 대지 않고 그녀의 손발만 묶어
두었다. 하루하루 그녀의 몸무게를 적고 매일 사진을 찍어
벽에 붙여둘 뿐이다.

외로움과 소외가 극에 달해 인간관계에서는 더 이상 유
대감을 발견하지 못하고 외계인과 같은 바깥 세계와의 사
랑을 갈구하던 하루카였다. 그런 그녀와는 달리 여성에 대
한 지나친 집착과 소유욕을 지닌 그 남자를 주인공은 끝내
사랑하게 된다. 영화를 관람하고 통념상 두 남녀의 빗나간
애정을 과연 사랑이라고 말할 수 있을까 하는 의아심이
일었다.

물신주의와 육체적 탐닉으로 진실한 사랑이 상실되는
세상이다. 그래서 더욱 사랑의 진가에 대해 생각하게 하는
영화이다.

기침과 사랑은 숨길 수 없다고 했다. 생을 살며 간간이
우리네 가슴에 숨어드는 사랑의 감정, 그것을 인생에 어떻
게 아름답게 접목시켜 갈무리하느냐에 따라 사랑도 완성

될 것이고 또 인생의 성패도 좌우될 것이다. 나도 젊은
날로 다시 되돌아갈 수만 있다면 한번쯤 사랑이란 황홀한
마술에 걸려보고 싶다.

김혜식 수필집

가슴을 잃은 여인

여인은 결혼을 하면
그것이 인생 최상의 목표인 양 간주된다.
가정에나 안주해야 하는 존재로 여긴다.
이런 그릇된 사회 인식이 하루빨리 바뀌었으면 한다.
두 개의 가슴을 지닌 여성들.
그들의 능력이 사회로부터 인정받아
국가 원동력으로 자리매김된다면,
인류 역사의 수레바퀴 더욱 찬란하고
힘차게 굴러가지 않을까 싶다.

드러눕는 봄, 일어서는 가을

지난겨울 혹독한 칼바람에 심신이 무척이나 지쳤었나 보다. 달콤한 봄바람이 유혹한다. 발길이 마을 앞 공원으로 향했다. 봄바람에 젖은 듯한 나무엔 가지마다 어느 사이 물이 흠뻑 올라 있다. 나뭇가지마다 아기의 젖니 같은 연둣빛 새싹들이 앙증맞게 고개를 내민다.

봄날 금빛 햇살 아래 진달래, 벚꽃들이 만개해 저마다 봄바람에 꽃잎까지 파르르 떨고 있다. 푸른 하늘을 날아오르는 새들도 이에 질세라 청아한 울음소리로 천지를 가득 채우는 봄이다. 찬란한 새봄을 맞이하여 그 동안 내 마음

에 무겁게 드리웠던 음울한 회색 빛 커튼이 소리 없이 걷
히는 듯하여 마음이 한결 홀가분하다.

한 달여 전만 해도 나는 마음의 낭떠러지 가장자리에
서 있었다. 까마득한 절벽으로 떨어질 것을 뻔히 알면서도
걸음을 재촉해 계속 걸어 나가려 했다. 낭떠러지 끝까지
나를 몰아세운 '멜랑꼴리'는 끈질기게 나의 뒤를 쫓다가
죽음의 문턱까지 나를 이끌고 가려고 안간힘을 썼다. 20
세기 무렵 정신분석학자인 프로이트가 외쳤던 말처럼 나
의 마음속에 억압된 분노라도 있었단 말인가.

지난날 나는 한눈팔 겨를도 없이 앞만 보고 내달렸다.
흔히 즐겨하는 그림 맞추기도 할 줄 모르고, 사람들과 어
울려 여흥도 제대로 즐기지 못하였다. 그야말로 잡기와는
담을 쌓다시피한 채 오로지 돈 버는 일에만 매달렸었다.

그 덕분인지는 몰라도 올해엔 큰딸아이가 그토록 원했던
서울 모 음악 대학에 입학을 하게 됐다. 십여 년 넘게 살아
온 서민 아파트 생활도 벗어날 수 있었다. 하나 내 마음의
허기는 그 어떤 것으로도 채워지지 않았다. 그런 공황 상
태는 급기야 '마음의 감기'라는 병마저 내게 안겨 주었다.

'마음의 감기'인 우울증은 누구나 쉽게 걸리기도 한다.

김혜식 수필집

또 그 병이 치유도 잘되는 정신 장애인 것은 다 아는 사실이다. 문제는 감기가 만병의 원인이듯 이것이 사람들의 심신을 넘나들며 삶에 대한 의욕을 상실케 하는 것이다. 끝내는 자살까지 이르게 하므로 심각한 마음의 병이라고 한다.

남부러울 게 없는 미모의 어느 여성 연기자도 얼마 전 우울증으로 인해 꽃다웠던 청춘을 한줌의 재로 남겼다. '드러눕는 봄'이 된 것인가.

우울증은 아이러니하게도 과잉으로 인해 결핍을 초래한 데서 오는 경우가 많은 것 같다. 남보다 더 많은 것을 지니고 있으면서도 그에 만족하지 않고 더 채우지 못한 갈망 때문에 우울증이 발병하는 것 같다. 나 또한 남 보기에는 행복해 보이는 겉모습과는 달리 마음 한구석에는 헛된 욕심이 잔뜩 도사리고 있었나 보다. 그것이 우울증의 요인이 됐는지도 모르겠다.

제2차 세계대전의 영웅인 처칠도 평생을 우울증에 시달렸다는 일화가 있다. 훌륭한 정치가이며 노벨 문학상까지 수상한 작가이기도 했던 그가 우울증에 시달렸다고 한다. 나는 그 사실이 왠지 믿어지지 않았다. 그러나 자신을 평생 따라다니며 괴롭혔다 하여 우울증을 '검정개'로 까지 표현할 정도라면 그의 심적 고통을 짐작할 만하다.

우울증의 다른 말이기도 한 '멜랑꼴리'란 말은 2500년 전 히포크라테스의 사성론四性論에서 비롯됐다. 인간의 몸은 혈액, 황담즙, 점액, 흑담즙 등 네 가지 체액으로 균형을 이루고 있다고 한다. 이 가운데 흑담즙이 많아지면 우울증에 걸린다는 체질론이다. 또한 '멜랑꼴리'는 그리스어로 '검은즙'이라는 말로 표현되기도 한다. 이 용어를 대하니 나에게도 신체 체액 중 이것이 많이 나와서 아마도 내가 우울증에 걸렸던 게 아닐까 싶다. 이는 나의 심신의 변화에 의한 인체의 어느 한 작용인지도 모르겠다. 제2의 사춘기라 할 만큼 심신의 변화가 심한 나이다 보니 우울증도 함께 겹친 것인가.

젊은이들은 한창 꿈을 갖고 인생을 설계할 시기이다. 요즘 들어 그들이 우울증으로 인해 자신의 생을 포기하는 일이 부쩍 늘어 참으로 안타깝다.

나는 계절로 치자면 가을에 해당되는 연령이다. 나도 '일어서는 가을'이고 싶다. 그러기 위해선 마음의 절벽 가장자리에서 발걸음을 멈추고 다시금 평온의 평지로 급히 발길을 돌려야 하지 싶다.

김혜식 수필집

가슴을 잃은 여인

남편은 이따금 혼잣말로 푸념을 할 때가 더러 있다. 내가 분위기에 따라 그림 맞추기도 못하고, 술도 마실 줄 모르니 무슨 재미로 세상을 사는지 모르겠다고 한다.

결혼하여 이십여 년을 한 이불 속에서 남편과 살을 맞대고 살았다. 그러니 자기 딴에는 나의 눈빛만 봐도 금세 속내를 알아차린다고 장담할지 모르지만 천만에 말씀이다. 양파처럼 벗겨도 벗겨도 좀처럼 속내를 드러내지 않는 여인의 마음을 남편이 어찌 속속들이 헤아릴 수 있으랴.

언젠가 어느 종교 단체에서 부부 간에 서로 얼마만큼

정확히 아는가에 대해 알아보기 위한 부부들만의 오붓한 시간을 가졌다고 한다. 그런데 의외로 많은 부부들이 서로에 대해 모르는 게 있다가, 그 때 비로소 자세히 알게 됐다고 한다.

등잔 밑이 어둡다는 말이 실감난다. 늘 함께하는 부부여서 서로에 대하여 가장 잘 알고 있을 것이라 여겼는데, 그게 둘만의 착각일 줄이야….

나의 남편만 해도 그렇다. 여흥을 몹시 좋아하고 성격이 호탕한 반면, 나는 성격이 내성적이고 잡기를 모른다. 그러서인지 남편은 그런 내가 풍류도 제대로 즐길 줄 모르는 그야말로 낭만이라곤 눈 씻고 찾아도 찾을 수 없는 여인으로 잘못 알고 있다.

이 참에 남편에게도 비밀로 한 사실 한 가지를 고백하자면, 나는 술 한 잔만 마셔도 금세 취한다. 남편은 그런 내가 이따금씩은 술도 한잔한다는 걸 모른다. 말하자면 이것도 남편이 모르는 비밀이다.

한잔 술의 효력은 참으로 묘하다. 술만 마시면 하늘이 돈짝만 해 보인다. 온 세상이 갑자기 무릉도원으로 변하기도 하여 알 수 없는 황홀감에 도취되곤 한다. 그땐 까마득히 잊어진 첫사랑도 불현듯 떠오르고, 소설에서나 나옴 직한 애틋한 사랑도 슬그머니 일깨운다. 그리곤 반란을 꿈꾸기도 한다. 이렇게 여자도 술 한잔의 힘에 의해 마음이 담대해진다. 가슴도 넓어진다. 하물며 남자들의 경우야 오죽하랴 싶다. 아마도 그런 멋에 남자들이 술잔을 기울이는 건 아닐까 싶다.

나의 가슴도 술만 마시면 뜨겁게 불붙는다. 때론 활화산처럼 타오르는 가슴속의 화염에 스스로 데이기도 한다. 그 아픔이 오랜 시간 가슴에 여울질 때도 있다.

이런 경험 때문에 나는 술 마시는 것을 꺼린다. 사람들과 어울리는 장소에서는 부득이 분위기에 휩싸여 권하는 술을 거절 못할 때도 있다. 못 마시는 술이지만 억지로라도 마셔야 하는 경우가 많다.

얼마 전 어느 문학 단체 모임에 참석한 일이 있었다. 회원이 술잔을 자꾸 권하는 바람에 맥주 한 잔을 마셨다. 그날따라 나의 감성이 한껏 극치에 달했는지 술에 취하여 유난히 가슴이 뜨거웠다. 얼굴이 벌겋게 달아올랐다. 이런 모습을 곁에서 지켜본 남자 회원이 짓궂게 농담을 걸어왔다. 마치 나의 온몸에 불이 붙은 것 같다고 했다. 나는

가슴을 잃은 여인

무엇보다 술기운에 의하여 가슴에 불이 뜨겁게 붙는 듯하다고 했다. 그러자 그는 가슴을 곧 유방으로 착각했었나 보다. 나의 가슴에 붙은 불을 자신이 시원하게 꺼 주고 싶어도, 남의 여자여서 어쩔 수가 없다고 했다.

하기는 여인에겐 가슴이 두 개이다. 인체의 흉부인 가슴, 그리고 젖가슴이 그것이다. 흔히 여성의 유방도 총체적으로 가슴으로 일컫는다. 그분은 아마도 나의 젖가슴에 불이 붙었다고 생각했었나 보다. 그의 말을 곰곰이 되새겨 보니 은근히 화가 치밀었다. 아무리 여자가 가슴이 두 개라지만 왜 하필이면 내 마음의 불을 성적인 것으로만 치부했을까. 여인에겐 이성과 감성을 주관하는 마음의 보고인 인간적인 가슴은 없단 말인가. 아이를 양육하는 젖과 여성의 성감대인 유방만 있다고 생각하는 것 같았다. 그 자체가 여성을 폄훼하고 비하하는 것이어서 몹시 불쾌했다.

그래서일까. '열린 신천지'라는 미국의 루스벨트 대통령조차 고루한 여성관을 보인 일이 있었다. 여성의 가슴을 그대로 묘사한 미켈란젤로의 그림도 포르노와 다름없다고 여겼다. 급기야 그는 로마의 시스틴 성당 그림을 복사해 팔지 못하게 금지까지 했다고 한다. 여성을 한낱 성적 노

김혜식 수필집

리개로 여긴 듯한 그릇된 여성관이 명화마저 음란물로 치부하는 우를 범한 것이다.

그러고 보니, 그 동안 살며 나는 진정한 가슴을 잃고 살아온 것만 같다. 아이 셋을 낳고 키우며 어머니와 아내로서의 삶에 비중을 더 두었었다. 남편 뒷바라지와 시댁 일에는 적극적으로 매달리면서도 나의 자아실현에는 다소 소홀하였다. 현실적 삶에 매달리느라 진정한 나를 잃고 내면을 아름답게 가꾸지 못한 듯싶다.

무엇보다 내가 그 동안 살아오면서 인간으로서 지녀야 할 따뜻하고 아름다운 가슴을 잃게 된 이유는 딴데 있었지 싶다. 사회적 통념과 정서에도 많은 책임이 있는 것 같아서이다. 그 동안 여권신장이 된 것은 사실이다. 하지만 아직도 남존여비 사상이 강하고 '삼종지예'가 강조되는 한국 사회이다. 그런 연유로 여성도 남성 못지않은 능력을 갖춘 어엿한 인간이면서도 그 능력을 사회로부터 제대로 인정받지 못하고 있는 실정이다.

얼마 전 유엔 개발 계획이 발표한 보고서에 의하면, 여권 척도에서 우리나라는 64개국 중 61위의 꼴찌 수준이라 한다. 여성의 한 사람으로서 이 통계 수치에 안타까움을 금할 수 없다.

　이 땅에 여성으로 태어나 살면서 한 인간으로서 누려야 할 권리와 자유를 대부분 사회의 그릇된 편견에 빼앗긴 것 같다. 아내로서, 어머니로서의 유방만 내 육신에 매달고 살아온 것 같아서이다. 인간적인 아름다운 가슴은 잃고 살아온 셈이다. 이 점이 매우 한스럽다. 지금이라도 잃어 버리고 살아온 진정한 내 가슴을 되찾고 싶다. 어디서 어떻게 그 가슴을 다시 찾아야 할지 막막한 심정마저 든다.

　남성들은 자칭 자신들의 가슴은 한없이 넓다고 말한다. 흔히 남자의 가슴을 바다에 비유하기도 한다. 아무리 남자의 가슴이 넓다 하여도 양적·질적으로 따져보면 여인들 가슴이 훨씬 풍요롭고 숭고하지 않은가. 남자 못지않게 차디찬 이성, 지적인 사고, 따뜻한 감성, 새 생명의 잉태에 따른 양육, 그리고 지극한 모성, 어머니로서 아내로서 부덕을 두루 갖춘 여인의 두 개의 가슴은 남자의 가슴보다 더 훌륭하고 거룩하기까지 하다.

　아름다운 가슴을 지닌 사람이 여성들이다. 남성 부럽지 않게 학력, 능력을 골고루 갖추었으면서도 아직도 정치, 고위 행정 관리직, 전문 기술직 진출에서는 남성들에게 밀

김혜식 수필집

려 대다수 여성들이 맥을 못 추고 있는 게 현실이다.

여인은 오로지 결혼을 하면 그것이 마치 인생 최상의 목표인 양 간주된다. 마치 여자는 가정에나 안주해야 하는 존재로 여긴다. 이런 그릇된 사회 인식이 하루빨리 바뀌었으면 한다. 두 개의 가슴을 지닌 여인들. 그들의 능력이 사회로부터 인정받아 국가 원동력으로 자리매김 된다면, 인류 역사의 수레바퀴 더욱 찬란하고 힘차게 굴러가지 않을까 싶다.

바쁜 다리가 아름답다

마음이 울적할 때는 하릴없이 시내 성안 길을 걷곤 한다. 그 길을 걷고 있노라면, 젊은이들의 해맑은 웃음소리가 듣기 좋다. 그들의 생기발랄한 모습이 사랑스럽다. 풋풋한 젊음을 맘껏 발산시키기라도 하려는 것일까. 짧은 미니스커트 속에 뽐내 보이는 아가씨들의 늘씬한 각선미가 더욱 어여쁘다. 산뜻한 옷차림으로 경쾌하게 거리를 활보하는 그들의 자태는 바라보는 것만으로도 절로 기분이 좋다.

요즘 신세대들은 지난날 우리 세대와는 달리 사고방식

김혜식 수필집

이 무척 자유분방하다. 그들은 주위의 시선 따윈 아랑곳하지 않는다. 연인들끼리 온몸을 밀착하고 애정 표현도 스스럼없이 한다. 유행에 관계없이 독특하고 개성이 강한 옷차림도 그들에겐 예사롭다. 젊은이들의 행동이나 생활양식은 지난날 나의 처녀 시절엔 감히 상상도 할 수 없는 일들이다.

시골에서는 여성들이 자전거만 타도 마을 사람들 입에 오르내렸다. 여성의 행동거지에 대해선 금기시하는 게 많았다. 여자가 자전거를 많이 타면 '처녀의 상징성이 손상될 수 있다.'라는 고정관념 때문이었는지도 모른다. 양 다리를 벌리고 자전거를 탄다는 행위 그 자체로도 어른들은 곱지 않은 시선을 보내기도 했다. 또한 여성의 순결을 최고의 미덕으로 여겼다. 그 탓에 처녀들에게는 자신의 몸 간수를 올바르게 하는 교육을 가정교육의 우선으로 삼았다. 나 역시 예외는 아니었다. 틈만 있으면 어머니는 '여자로서의 몸가짐을 바르게 해야 한다.' 말씀을 누누이 하셨다. 그럴 때마다 왜 '여자만 순결을 지켜야 하는 걸까'라는 의구심을 갖기도 했다.

정조관념이 희박한 여인을 일컬을 때는 속된 표현도 마

바쁜 다리가 아름답다

다하지 않았다. 그런데 항간에 떠도는 속어들을 눈여겨보면 남성들의 바람기를 지칭하는 속어는 별로 없는 성싶다. 한편 여성을 비하하는 속어들을 살펴보면 성적 수치심을 불러일으키는 속된 말들이 많이 통용되고 있다.

아무리 영웅호걸일지라도 그들의 생명을 품은 것은 여성의 몸이다. 역대 성군이라 일컫는 세종대왕도, 최고의 과학자 아인슈타인도 그들을 낳아 준 사람은 다름 아닌 여자인 어머니가 아니던가.

흔히 남자는 하늘로, 여자는 땅에 비유하곤 한다. 그것을 음양의 조화라고도 말한다. 여태껏 그 조화의 질서를 깨뜨려 온 사람도 역시 수동적인 여성보다 매사에 능동적이고 역동적이라 할 수 있는 남성들일 것이다. 그런 기세에 억눌려 숨통을 조이며 살아온 여성들을 위해 남성들은 한껏 인심이라도 베푸는 듯 말한다. "하늘 같은 남편을 사랑한다면 불만이 있어도 감내하며 사는 게 여인의 운명"이라며 그럴싸한 언어로 여인의 마음을 달랜다. 그도 모자라 자신들이 행한 횡포를 남성의 특권으로 과대포장하기도 한다. 그러면서 그들은 하늘이 노하면 천재지변이 일어날 수 있다고, 여성 앞에서 공공연히 으름장을 놓기도 한다.

김혜식 수필집

자신들의 허물을 합리화, 정당화시키려는 속셈이다. 하지만 그에 못지않게 땅의 반란도 만만치 않다. 대지는 모든 만물을 품어주는 능력이 있다. 여성을 항상 남성의 발아래 있다 하여 척박한 땅으로 생각하는 것은 그릇된 판단이 아닐까 싶다.

얼마 전 신문기사에 의하면, 미국 대통령 선거 때 기권하는 남성들을 회유하는 방법의 내용이 무척 흥미로웠다. 선거에 불참하는 남성들에 한해서는 여성들이 그들의 '잠자리 요구를 거부하자'라는 캠페인을 벌였다고 한다. 여성들이 그들의 원초적 본능을 이용해 선거에 불참하는 것을 미연에 방지하기 위한 선거 전략일 것이다. 한편으론 남성들에게 그 동안 잊고 지내던 여성의 원형적인 존재를 새삼 일깨워 주는 듯해 매우 인상적이었다.

오늘도 아내들의 두 다리는 몹시 분주하다. 삶의 가파른 계단을 한 발짝 한 발짝 오르느라 참으로 힘겹고 버겁다. 험난한 세파의 가시밭길을 헤치느라 아내의 다리는 시퍼런 힘줄이 툭툭 불거져 마치 나무 등걸 같다. 그런 다리지만 세상에서 어느 미녀의 다리보다 훨씬 아름답다.

맞벌이를 위해 아침부터 종종걸음을 걷는 아내. 가족들

바쁜 다리가 아름답다

위해 한 시도 쉴 겨를 없이 늘 바쁜 아내의 두 다리는 날로
지쳐 있다. 그런 아내를 위해 남편들은 아내의 다리를 정
성껏 안마라도 해 주어야 하지 않을까. 자신들의 노년을
행복하게 오래도록 건강하게 보내기 위해서라도 남성들은
이 정도쯤이야 아내에게 해줄 수 있는 기본 서비스가 아닐
까 싶다.

오늘 밤엔 그 동안 삶에 지친 나의 두 다리를 남편에게
마음껏 맡겨나 볼까.

날개 잃은 백조

호수 위에 눈이 부시도록 흰 백조의 아름다움은 이 세상 그 무엇과도 견줄 수 없다. '볼쇼이발레단'이 보여주는 「백조의 호수」가 모든 이의 마음을 한껏 우아하게 만든다. 오래도록 감동을 주는 것은 백조가 주는 순결함 때문이리라.

나에겐 그런 백조와 잠시 어린 날을 보낸 소중한 기억이 있다. 순이 언니였다. 항상 물기 젖은 커다란 눈망울, 훌쩍 큰 키에 희디흰 살결, 다소곳한 언니의 자태는 어린 마음에 마치 동화책에서 본 백조의 모습과 흡사했다.

내가 살던 시골 작은 읍내는 도회지보다 하늘도 넓어서 밤에는 별들이 무수히 쏟아져 내리곤 하였다. 무엇보다도 하얀 백조였던 순이 언니와 함께 사는 곳이어서 나를 행복하게 했다. 그런데 뜻밖의 일로 백조는 한쪽 날개를 다쳐서 내 마음을 더없이 아프게 했다. 마을 방앗간에서 방아 찧는 일을 돕다가 실수로 피댓줄에 연약한 한쪽 팔이 딸려 들어간 것이다. 그 때 백조가 토해낸 처절한 울음은 읍내 전체를 뒤흔들었다. 그 후 오랜 병석에서 자리를 털고 일어난 백조는 어렵사리 맑고 우아한 몸짓을 되찾았다. 한쪽 날개를 잃어버린 백조, 하늘을 날지는 못하지만 땅을 걷는 한 많은 백조, 꽃다운 나이 스무 살 그 서러움이 얼마나 크고 진했을까.

그녀를 내가 만난 것은 바로 그 무렵이었다. 내 또래 아이들을 마을 회관에 모두 모아놓고 「인어공주」, 「콩쥐 팥쥐」, 「미운 오리 새끼」 등의 동화를 읽어 주었을 때의 그 낭랑한 목소리는 지금도 귓전에 맴도는 듯하다. 동요도 배웠다. 「과꽃」, 「겨울 나무」 등의 노래였다. 우리의 마음을 온통 사로잡았던 그녀의 고운 음성과 함께 잊을 수 없는 것은 동요를 부르면서 보인 율동의 절정이었다. 한쪽

김혜식 수필집

날개로 춤을 추면서 우리에게 보여준 그 서러운 듯한 몸짓, 눈물을 머금고 있는 듯 슬픈 눈빛, 기분이 고조되면 내 손을 마주잡고 함께 춤을 추던 모습을 지금도 엊그제 일인 양 싶다.

그러던 어느 해 가을, 달이 휘영청 밝았다. 언니는 하모니카를 불었다. 아련한 슬픔이 젖어 드는 듯한 소리에 이끌려 섬돌 위를 내려서면 구성지게 잦아드는 풀벌레 소리가 무성했다. 하모니카 소리는 다음해 여름까지 이어졌다. 무엇이 저토록 언니로 하여금 슬픈 가락을 뽑아내게 했을까. 그것은 다름 아닌 언니를 진정으로 사랑한다며 따라다니던 어느 한 남자를 못 잊어서였다. 그 사람은 이웃 마을에 사는 이장집 아들이었다. 그는 대학을 졸업한 후 군대에서 막 제대하여 고향에 내려온 키가 크고 외모가 준수한 청년이었다. 그들은 어린 시절부터 같은 학교를 다니며 친한 사이였다. 성장하여 상급 학교에 가서도 서로를 가슴속에 꽃처럼 간직하였다고 한다.

그 남자가 고등학교를 졸업하고 서울에서 대학을 다니던 가을이었다. 코스모스가 가냘프게 피어 있을 때, 그는 순이 언니에게 사랑을 고백했다. 그녀는 여고 3학년이었고,

대학에 갈 형편이 되지 못해서 애를 태우고 있던 때였다.

"당신은 오랜 세월 동안 내 가슴 깊은 곳에 피어난 한 송이 가을꽃이었소. 목숨과도 바꿀 수 없는 아름다움 그 자체였소. 내 인생은 언제나 순이 곁에 있을 것입니다." 라고 애절히 사랑을 맹세했던 그 남자. 언니는 그 후로 대학에 가지 못한 것을 조금도 서러워하지 않고 여학교를 졸업하자 서울로 올라가 직장을 다녔다. 그곳에서 그들은 마음껏 꿈과 낭만, 사랑을 키워 나갔다.

불행이 닥쳤던 그 해 가을 고향집엘 다니러 왔다. 그때 마침 방아 찧는 일을 돕다가 엄청난 사고를 당한 것이었다. 언니는 그 일로 인해 직장을 그만두고 마을 회관에서 우리를 가르치게 된 것이다. 훗날 들은 이야기지만, 사랑하는 사람에겐 고민 끝에 자신의 재앙을 알렸다고 한다. 자신을 버리고 떠나도 원망하지 않겠노라고…. 그런 사실을 알게 된 그는 오랜 번민 끝에 순이 언니를 아내로 맞겠다고 자신의 부모님께 선언했다.

그러나 그 청년의 부모님들은 그 마을에서도 성격이 괴팍하기로 소문이 나서 가만히 있을 리가 없었다. 어느 날 우리에게 동요를 가르치고 있는 언니를 찾아와 머리채를

김혜식 수필집

느닷없이 잡아챘다. 우리가 울며불며 매달렸으나, 그의 어머니는 막무가내였다.

너 같은 병신이 감히 내 아들을 넘보느냐 하며 고래고래 고함을 질렀다. 다짜고짜 언니의 집으로 쫓아오기도 했다. 그리곤 한바탕 소란을 피우고 언니 부모님들의 멱살까지 잡고 흔들어 싸움을 벌였다.

자신의 마음의 불구는 미처 깨닫지 못한 채 천사 같은 언니의 잃어버린 한쪽 날개만 눈에 거슬린 것이었다. 그런 일로 언니와 그 청년의 관계는 온 마을에 삽시간에 퍼졌다. 언니는 탐스러운 긴 머리채를 부모님께 잘리는 또 한 번의 형벌을 받아야 했다. 머리 위에 수건을 쓴 채 애조 띤 곡조로 하모니카를 불고 불던 날, 언니는 그 남자로부터 최후의 통첩을 들었다.

"참으로 순이를 사랑하였소. 그러나 지금은 그 꽃이 내 가슴에서 떨어지고 말았소. 부모님이 꺾어놓았기 때문이오. 그 일로 나는 어떠한 벌도 달게 받을 것이오."

백조의 가슴에서 마지막 희망이 떨어져 나가자 언니는 털썩 자리에 눕고 말았다. 아무리 음식을 권하고, 자신도 애써 먹으려 했으나 뜻대로 되지 않았다. 나는 몇 번이고 언니의 집을 찾아갔다. 어느 때는 희미한 미소만 보이기도 하고, 어느 때는 아예 모습조차 볼 수가 없었다. 날이 갈수록 야위어만 가는 언니의 모습은 비참하기만 했다. 섬뜩한 무서움마저 느끼게 했다. 그토록 떠들썩했던 그 해 여름이 채 저물기도 전에 마을 앞 저수지 위에 한 마리 백조가 한쪽 날개를 잃은 채 둥둥 떠 있었다. 순이 언니였다. 비록 한쪽 팔을 잃은 불구의 몸이었지만, 그녀는 한 남자를 끔찍이도 사랑한 순정의 여인이었다.

사랑 때문에 소중한 자신을 죽음과 맞바꾼 것은 오직 사람만이 해낼 수 있는 어쩌면 고귀한 사랑의 행위인지도 모를 일이다.

김혜식 수필집

바닷가의 사색

용광로 속처럼 뜨거운 열기의 무더위가 기승을 부리고 있다. 무더위와 삶의 굴레를 잠시나마 벗어나고픈 충동에 못 이겨 바다를 찾았다.

여행을 떠나던 날 게릴라성 장마 때문에 비마저 오락가락했다. 변덕스런 기후임에도 찌든 일상에서 일탈한다는 기쁨 때문인지 소녀처럼 마음이 설레었다.

우리 가족이 처음 여행지로 찾은 곳은 황톳길. 양파와 연꽃으로 유명한 전남 무안이었다. 지난 세월 뿌리 깊게 내린 영호남 지역의 갈등 탓이었을까. 영남 출신 대통령들이 재임 기간 동안 호남 지역 발전에 소홀했던 것이 오히려 새옹지마가 된 듯하다. 무안 땅은 아직도 문명에 오염되지 않은 천혜의 자연 경관을 자랑하고 있었다.

바다를 끼고 있지만 어촌이라는 고장의 이미지보다는 전원적이며 목가적인 분위기를 연출해 내는 낭만이 넘치는 곳이었다. 더욱이 몇 해 전 수필문학 세미나 때의 아름다운 추억이 서린 곳이기도 하다. 회색 빛 숲에 갇혀 사는 도회지인들과 달리 군민들 모두가 아직도 순박한 인정을 잃지 않은 곳이었다.

무안읍을 지나 근교에 있는 톱머리 해수욕장을 찾았다. 바다 멀리 물새들이 떼 지어 날아오르고 끝없이 펼쳐진 바다는 마침 썰물이 되어 가슴을 반쯤 비운 채 우리들에게 꿈결처럼 아름다운 해조음을 들려주고 있었다. 그 동안 삶에 찌든 가슴이 말끔히 씻기는 듯했다.

바다는 모처럼 나를 깊이 응시할 수 있는 시간을 갖게 하는가. 나는 과연 누구이며 어디서 와서 지금 어디로 이토록 숨 가쁘게 달려가고 있을까. 돛대도 삿대도 없이 인생이라는 망망대해를 노 저어 가는 한 척의 외로운 배인 양, 인생의 행로를 위태롭게 방황하는 나그네는 아닌지.

또한 나의 삶의 목적지가 과연 어디일지 깊은 의문도 품어 보았지만, 그것에 대한 명쾌한 해답은 떠오르지 않았다.

넓은 바다도 자연의 순리에 순응하느라 때가 되면 자신의 가슴을 반쯤 비우다가 채우곤 한다. 오직 내 안의 욕망만 가득 채울 줄 알았지 그것을 비우는 데는 매우 인색한 삶이 아니었나 하는 자괴감에 젖기도 했다.

그 때문인지 가슴을 베이는 까닭 모를 아픔의 근원지도 어찌 보면 탐욕에서 기인된 것인지도 모른다. 떨칠 수 없는 번민의 실체 또한 헛된 욕심이 원인이었다는 것도 새삼 깨닫게 되었다.

이룰 수 없는 꿈은 한낱 허상이다. 그것을 좇아 방황하는 것조차 탐욕의 발로일진대 아직도 나는 많은 것을 손아귀에 넣으려 발버둥치고 있다. 얼마나 부질없는 일인가. 모든 게 덧없고 찰나적인 것이라는 생각이 들었다. 나는 영원히 본연의 모습을 잃지 않는 진정한 마음의 보석을 사실은 내 곁에 두고 있었다. 그럼에도 손끝이 닿지 않는 먼 곳에서 삶의 의미와 행복을 구하려고 안간힘을 썼었구나 싶었다.

이런 욕망에서 표출된 삶의 고뇌가 인생의 교향악이라

고 흔히 말한다. 그것은 우리네 인생이 고뇌에 의해 쓰인
악보로 연주되는 오케스트라이기 때문일 것이다. 나는 그
선율에 자신도 모르게 미혹되어 그 동안 고난의 가시밭길
을 헤치며 여행을 떠난 떠돌이인지도 모른다. 일회성인 삶
이기에 인생 항로는 내가 조심스레 내딛는 발걸음에 따라
기쁨의 바다도 될 수 있고, 인고의 바다도 될 수 있다. 지
난날에 내디뎠던 나의 걸음이 혹여 너무 요란스럽거나 거
칠어서 본의 아니게 남에게 폐는 끼치지 않았나 하고 잠시
지난 삶을 뒤돌아본다.

지금 바다는 넓은 가슴에 참으로 많은 보물을 품고 있
다. 결코 자만하지 않고 묵묵히 자연의 섭리를 따르고 있
을 뿐이다. 그런 바다를 바라보니 왠지 자신이 갑자기 부
끄러워진다.

한때 나는 헛된 욕심에 의해 지녀서는 아니될 마음의
보물을 탐낸 적이 있었다. 이룰 수 없는 꿈이며, 나의 그
이상이 현실과 크게 어긋나는 일이기도 했다. 그것을 잘
알면서도 도리 없이 몰입했고 소중하지만 영원히 간직할
수 없는 안타까움에 더욱 집착이 강했다. 그로 인해 나는
심한 우울증에 시달렸고 공황증이라는 마음의 병마저 얻

김혜식 수필집

게 되었다.

젊은 날 인생의 첫 여행지에서 남편을 만나 행복한 동행을 꿈꾸었다. 여행을 떠나는 동안 순탄대로順坦大路만 있을 것이라는 나의 바람과는 달리 곳곳에 환난이 도사리고 있었다. 때론 그것에 시달려 몸과 마음이 지칠 대로 지쳐서 일상의 권태로움에서 헤어나지 못한 채 허우적거리기도 했다. 하지만 이미 인생이라는 여행지를 향해 인생의 나침반인 남편과 함께 출발한 이상 머뭇거릴 수 없었다. 오직 앞만 보고 정신없이 내달려서 오늘에 이르렀다.

그러나 어느 날 문득 내가 걸어온 길을 되돌아보니 애초에 품었던 희망을 크게 이룬 것이 없는 듯하여 마음은 허탈허기만 했다. 이것이 나의 인생의 전부란 말인가. 내가 추구하였던 삶이 이것뿐이었나 하는 회한을 갖기도 했다.

하지만 곰곰이 지난날을 되돌아보니 고뇌의 바다만 헤엄쳐 온 것도 아니었다. 오직 나 하나만 바라보고 살아온 성실하고 진실한 남편과 건강하고 반듯하게 자라나는 세 딸아이들이 내 곁에 있었다. 그것이 온갖 고초를 헤치고 살아온 생의 여행지에서 얻은 큰 보물이었다. 얼마나 힘들게 얻은 인생의 자산인가. 쉽사리 얻은 것은 손쉽게 잃게

되지만 많은 고통 끝에 얻은 것이므로 세상 그 무엇보다
귀하고 소중한 것이다.

모든 번뇌는 욕망에서 비롯된다고 한다. 독일의 실존철
학자인 야스퍼스조차도 인간 고뇌를 탐욕에서 오는 인간
4대 한계 상황의 하나로 여기지 않았던가. 나의 삶에 비추
어 볼 때 결코 우연의 일치가 아닌 것 같다.

비록 오랜 세월 산 것은 아니지만, 바다 앞에 서서 나름
대로 살아온 삶의 여정을 더듬어 본다. 그 동안 나의 두
손에 잔뜩 움켜쥐었던 많은 탐욕들을 잠시나마 저 넓은
바다에 풀어놓고 싶어서다.

그렇다. 끈질기게 집착했던 욕망에서 벗어나 마음을 지
혜롭게 다스리면, 나도 바다 위를 날아오르는 저 물새들처
럼 몸과 마음이 한껏 자유로울 수 있지 않을까 싶다.

김혜식 수필집

발등거리 등불

안개비가 부슬부슬 내리는 가을밤이었다. 왠지 어디론가 한없이 걷고 싶었다. 목적지도 없이 발길이 어느 골목길로 들어서고 있었다. 길목 한쪽에 은은한 불빛을 머금은 등이 바람에 가볍게 흔들거리고 있었다. 발등거리 등불이었다. 대나무 살을 이리저리 얽어 한지를 발라 만든 등. 그건 그 집이 상가喪家임을 알리는 등불이었다.

누가 죽었을까. 누군가 한 사람이 이 세상을 영영 떠난 것이다. 등불 앞을 지나노라니 집안에선 애간장이 끊어지는 듯한 여인의 울음소리가 들려왔다. 사설辭說을 섞어 슬피 우는 여인의 목소리가 가슴에 파문을 일으켰다. 어머니의 죽음 앞에 당도한 딸의 울음소리려가. 한 사람의 죽음 앞에서 마음의 갈피에 얽힌 정을 되돌아보며 저리 슬프게 우는 것인지도 모를 일이다.

남의 울음소리를 들으면서 나도 차츰 슬픔의 늪으로 빠져들기 시작했다. 갑자기 눈시울이 뜨거워졌다. 하염없이 눈물이 흘렀다. 가엾기 그지없는 이모의 죽음이 문득 떠오른 탓이었다.

육 년 전 바로 이맘때였다. 이모는 그 외로운 삶을 마감하고 저 세상으로 떠났다. 뜻밖에 교통사고로 유명幽冥을 달리한 것이다. 비보를 듣고 허둥지둥 달려간 집 앞에는 발등거리 등불이 하나 걸려 바람에 흔들리고 있었다.

처연하기까지 한 등불이 골목길을 희미하게 비추고 있었다. 대문을 열고 들어선 나는 반듯하게 누워 있는 이모 곁으로 달려갔다. 하얗게 식어버린 얼굴엔 평소의 다정한 웃음도, 그 따뜻하던 눈빛도 찾을 길이 없었다.

가족들의 오열 속에 싸늘한 시신으로 누워 있었다. 이모의 얼굴에 나의 볼을 대었다. 얼음장처럼 식어버린 이모의

김혜식 수필집

가슴에 얼굴을 묻고 서럽게 울고 또 울었다.

인간은 태어나면서부터 죽음을 숙명적으로 지니고 살아간다. 하지만 이렇게 허망하게 비명에 갈 수 있단 말인가. 겨우 육십 평생을 사는 동안 그렇게도 불행하게, 고독과 외로움에 몸부림치다 가다니…. 나는 이모님의 생애를 생각하며 생전의 다정했던 모습을 떠올리며 더욱 비통한 마음을 가눌 길이 없었다.

일제日帝의 잔악한 정신대에 끌려가는 것을 피하기 위해 열여섯 어린 나이에 출가한 이모였다. 그런데 결혼 후 수년이 지나도록 이모는 출산을 하지 못하였다. 그 일로 급기야 남편에게 소박을 맞았다. 그 후 시가에서 나누어준 전답을 홀로 농사를 지으며 살았다. 힘겨운 농사일로 마음을 달래며 지내온 젊은 시절. 고독은 어찌 달랬으며 괴로움은 어찌 참았으랴. 생각할수록 이모에 대한 연민의 정은 나의 가슴을 흔들었다.

이모는 인정이 많은 분이었다. 친정조카인 우리들을 끔찍이도 사랑하였다. 땀 흘려 어렵게 모은 돈으로 오빠의 대학 학비를 대기도 하고, 조카들이 원하는 것을 지나치지 않고 사주기도 했다. 불우한 이웃에게도 무엇으로든 온정을 베푸는 그런 분이었다.

어느 날 서울에 다녀온 이모가 우리를 불렀다. 한 소녀를 데리고 온 것이었다. 열두 살이라 했다. 소아마비로 한쪽 다리를 조금 절고 있는 소녀는 맑은 눈동자에 웃음을 가득 머금고 우리를 맞았다. 소녀는 서울 거리를 헤매고 있었다고 했다. 이모는 가엾은 그 소녀를 친딸 이상으로 애지중지하여 길렀다. 학교에도 보내고 옷치장에도 남달리 호사시켰다. 그러나 그 소녀는 중학교를 마치자마자 어느 날 홀연히 집을 나가 버리고 말았다. 한마디 말도 없이….

그 후 이모는 우수의 늪에 가라앉는 나날을 보내야 했다. 남편도 자식도 없이 살아온 이모였다. 거리를 헤매던 그 소녀를 데려와 마치 친자식처럼 마음을 붙이고 살아왔던 것이다. 그렇건만 집을 나간 이후 소식조차 돈절해 버렸다. 한순간 정의 뿌리가 뽑혀버린 것이었다. 저녁놀이 물들어 오는 하늘 가를 멍한 시선으로 바라보던 이모. 기다림에 지친 나날을 한숨지으며 눈물짓던 이모에게 있어 소녀는 희망의 하늘이었고, 든든한 울타리였건만.

이모와 같은 청춘에 홀로 되어 한 많은 세월 고독을 씹어보지 못한 사람이 그 절절한 아픔을 어찌 알랴. 그 후로

김혜식 수필집

도 밤마다 마당에 등불을 켜놓고 떠나간 소녀를 기다렸다. 그러나 그 소녀는 영영 돌아오지 않았다.

한 해가 지난 어느 날 소녀를 찾아 나섰다. 여기저기 수소문하여 찾아다니다가는 지친 몸을 이끌고 덧없이 돌아오곤 했다. 여자에게 있어 행복이란 무엇일까. 남편이 있고 자식이 있는 가정의 보금자리에서 아내로서, 어머니로서 그 작은 우주를 지키는 주부의 역할이 주어질 때 비로소 여자의 행복이 함께 주어지지 않는가.

한 남자의 사랑스런 아내, 천진난만하게 자라나는 아이들의 성스러운 어머니. 이런 지극히 평범한 행복을 누리지 못하고 살던 이모는 자신의 '모든 것'인 그 소녀를 찾아 정신없이 헤매다가 교통사고로 참변을 당한 것이었다.

빗속에 서서 다시금 등불을 바라본다. 대 살로 이리저리 얽어 골격을 만들고 한지로 깁을 바른 발등거리 등불 안에는 한 자루의 촛불이 제 몸을 사르면서 골목길의 어둠을 밝히는가.

등불에는 여러 종류가 있다. 등잔을 얹어 조용히 어둠을 밝히는 등경, 실내를 밝히는 좌등座燈, 들고 다니며 길을 밝히는 제등提燈, 초상집에 황급히 만들어서 상가임을 알리는 발등거리 등불 등….

지금 저 발등거리 등이 밝혀진 죽음의 주인공은 어떤 분일까. 부귀와 명예에 눈이 어두워 헤매던 탐욕가, 아니면 촛불이 제 몸을 태우듯이 자신의 몸과 마음을 태워 세상의 어둠을 밝혀주던 진선미의 인격자일까.

안개비 내리는 골목길에 서서 발등거리 등불을 바라본다. 골목길의 어둠을 물리치고 있는 발등거리 등불처럼 조그마한 등불로도 어두운 세상의 한 골목을 희미하게 밝히지 아니하는가.

내 마음안에도 비가 오는가. 돌아서는 발길이 못내 무겁기만 했다.

김혜식 수필집

갈 치

모임의 자리에서 남녀 동석이면, 여느 여성들은 친분의 여부를 막론하고 남성들에게 으레 술을 따르는 게 다반사이다. 그러나 나는 왠지 그런 행동이 탐탁지 않다. '여자라고 해서 남성의 술시중을 들어야 할 이유가 없다'라는 남성 우월주의에 대한 저항감에서가 아니다. 내겐 어릴 적 마음 아픈 추억이 있다.

시골에서 잠시 어린 날을 보낸 일이 있다. 그 때 나는 마을 입구에 있는 선술집 딸 명순이와 자주 놀았다. 선술집이라 하지만 요즘처럼 그럴싸한 실내 인테리어를 갖춘 곳이 아니었다.

초가 부엌 한켠에 술항아리를 묻어둔 허름한 집이었다. 겨울이면 가마솥에 김치를 숭숭 썰어 넣고 끓인 얼큰한 술국을 막걸리의 안주로 삼아 마을 남정네들이 심심파적으로 화투판이나 윷놀이를 벌이곤 했다.

흰눈이 유난히 많이 내린 어느 해 겨울이었다. 긴 겨울 방학이 참으로 지루했다. 나는 어머니께서 내린 명순네 집 출입 금지령을 어기고 몰래 선술집을 찾아갔다. 마침 그는 동네 술 배달을 다녀오는 듯했다. 추위에 빨갛게 언 고사리 같은 손에 커다란 누런 양은 주전자가 들려 있었다. 그런데 그 애는 보여서는 안 될 것을 들키기라도 한 듯 몹시 당황해 했다. 저만 한 몸집의 주전자를 얼른 몸 뒤로 감춘 채 머뭇거렸다.

그때였다. 방안에서 술 취한 남정네들이 토해내는 유행가가 느닷없이 흘러나왔다. 젓가락으로 상을 두드리며 노래 가락의 장단을 맞추는 소리가 들려왔다. 그 애의 어머니가 부르는 구성진 노래 소리도 함께 섞여 조용한 시골 마을을 온통 뒤흔들었다. 그 소리를 듣자 그애는 나 보기가 민망한 듯 더욱 몸둘 바를 몰라 했다. 손에 들고 있던

김혜식 수필집

주전자를 힘껏 마당에 내동댕이치고는 쏜살같이 눈길을
내달렸다.

영문을 알 리 없는 나도 그의 뒤를 쫓아 무작정 달렸다.
얼마만큼 달렸을까. 개울가 옆 상여를 두는 움막에 이르자
그애가 발길을 멈췄다. 그리고는 움막 처마 끝에 웅크려
앉아 작은 어깨를 들먹였다. 그 모습을 지켜보던 나는 어
린 마음에도 그애의 말 못하는 그 슬픔을 감지하고도 남음
이 있었다. 학교에 가면 해찰궂은 사내아이들이 그애를 놀
리기 일쑤였다.

"명순이 엄마는 마을 이장님 갈치래요."

그때마다 명순이는 아이들에게 대거리도 못하고 사색이
되어서 고개를 힘없이 떨구었다. 그리곤 소리 없이 뜨거운
눈물만 삼키곤 했다. 그런 그애가 한없이 딱했다. 명순이
를 놀려주는 사내아이들을 마음껏 두들겨 패 주고 싶었다.
여자아이들까지도 그애와 함께 노는 것을 꺼려해서, 명순
이는 항상 외톨이었다. 그런 그아이에 대한 측은지심이었
을까. 명순이를 볼 때마다 늘 안됐다는 생각이 들었다.

한편으론 사내아이들이 왜 명순이 엄마를 마을 이장님
'갈치'라고 놀려대는지 의구심이 일었다. 어머니에게 여쭈

어 보았지만, 내게 돌아온 답은 명순이 하고는 절대 놀지 말라는 엄명뿐이었다. 훗날 어른이 되어서 비로소 '갈치'에 대한 그 뜻을 알게 된 나는 그애가 그 말 때문에 입은 상처가 얼마나 컸으랴 싶었다.

'갈치'란 속어는 그 역사가 대충 50여 년 된 것으로 추정된다. '갈치'란 말도 음미해 보면 여성을 비하하는 속어 중 하나이다. 기혼자인 남성이 아내 몰래 감춰 놓은 여성을 일컬을 때 요즘은 흔히 '내연녀'라고 말한다. 몇 십 년 전만 해도 그런 여자를 '갈치'라고 했다. 또한 미혼자가 자신의 애인을 칭할 때도 '갈치'라고 하였다.

그 말을 쓸 때 다섯 손가락 중에 어찌해서 하필이면 가장 가늘고 약한 새끼손가락을 치켜 내세우며 표현을 했을까. 아무리 여자가 약하지만 다섯 손가락들 중에서 가장 부실한 새끼손가락 위치밖에 차지하지 못한다는 게 매우 언짢았다.

그렇다면 반비례해 여성에게 감추어진 남성이나 애인에 대해선 어떤 속어가 어울릴지 모를 일이다. '내연남'이라는 표현은 '갈치'에 비해 너무 고상한 것 같다. 하다못해 화류계 여인들의 등을 쳐서 먹고사는 버러지 같은 남자도

격조 높게 '기둥서방'이라는 호칭이 붙어 있지 않은가. '기둥서방'이라는 표현은 언뜻 들으면 매우 든든한 느낌을 준다. 그 말은 건물을 떠받치는 기둥처럼 튼실하고 쓸모 있다는 의미이기도 하다. 한데 '기둥서방'의 역할은 실상 그러하지 못하다. 기생이나 창기를 데리고 살면서 뭇사내들을 상대로 웃음과 몸을 판 돈이나 후려 먹는 인간 말종末種 같은 그네들이 아닌가. 남존여비 관습에서 나온 봉건적 사상 때문에 남자라는 이유만으로 '기둥서방'으로 격상시킨 게 아닐까 싶다. 그런 생각을 하노라니, '갈치'에 빗댄 표현은 여성의 인격을 형편없이 깔아뭉개는 말인 듯하여 왠지 입맛이 씁쓸하다.

생선 중에 몸이 가늘고 매끈하며 그러면서도 감칠맛이 있어서 여성을 '갈치'에 비유한 것인가. 정확히 그 속어의 어원을 몰라서 괜스레 궁금하다.

속어란 말 그대로 저속한 말 표현이기에 우아하고 지성적인 비유를 애당초 기대하진 않았다. 항간에 떠도는 속된 말조차도 여성을 폄훼하고 비하하는 것들이 많아서 불현듯 속이 상할 뿐이다.

시장 어물전에서 은빛 몸매를 뽐내면서 가지런히 진열

된 갈치를 보면 늘 슬픈 눈망울을 지녔던 명순이의 모습이 떠오른다. 덕지덕지 진한 분 화장을 하고 게슴츠레한 눈빛으로 남정네들에게 술을 따르던 명순이의 엄마 얼굴도 잠시 갈치 위에 함께 겹쳐진다.

김혜식 수필집

얼음색이 꽃

구성진 노래 소리에 이끌려 발길이 저절로 멈춰졌다. 확성기를 통하여 들려오는 그 노래 소리는 점점 가까이 다가오고 있었다. 애조 띤 노래를 들려주는 주인공이 누구일까 궁금하여 이리저리 살폈다. 주변에 몰려든 사람들 때문인지 그 모습을 쉽사리 볼 수 없었다.

5일장이 서는 날이라 육거리 시장 안은 장을 보러 나온 사람들로 무척 붐볐다. 사람들 틈을 비집고 노래가 들리는 곳을 향해 발길을 옮겼다. 삼십대 초반으로 보이는 얼굴만은 곱상하게 생긴 여인이 눈에 들어왔다. 여인은 두 다리에 시커먼 고무 튜브를 잘라 허벅지 부분까지 껴입고 힘겹게 몸을 끌고 있었다. 그 곁엔 그의 것으로 보이는 좌판처럼 생긴 나지막한 손수레가 놓여 있었다. 손톱 깎기, 수세미, 목욕 타월 등속의 잡화가 가득 실려 있다.

노래는 그의 호객 행위의 한 방법이었다. 노래가 상당한 효과가 있어선지 시장 안의 사람들이 발걸음을 멈추고 그의 노래에 귀를 기울였다. 나도 집에 갈 생각을 잊은 채 그 여인의 노래에 혹하여 그 자리를 떠나지 못했다.

노래 곡목은 벌써 몇 번이나 바뀌고 있었다. 이번에는 구구절절 한 맺힌 사연이라도 펼치려는 듯 노래는 더욱 구슬프게 들렸다.

"누가 이 여인을 모르시나요. 얌전한 몸매에 수줍은 눈동자, 고운 마음씨는 달덩이같이 이 세상 끝까지 가겠노라고…."

라는 노래를 그 여인이 부를 때는 왠지 나도 모르게 콧날이 시큰하며 눈시울이 젖었다. 그때였다. 살아서 설설 기어다니는 꽃게를 좌판에 놓고 파는 남자 장사꾼이 꽃게 한 마리를 그 여인의 손수레 위로 던지며 농을 걸었다.

"이봐, 오늘 저녁 서방님하고 꽃게탕이나 끓여 먹으

라구.”

　그러자 이번에는 곁에 있던 물오징어 장사꾼이 물이 줄
줄 흐르는 오징어 한 마리를 손수레 위에 슬쩍 던지며 꽃
게 장사꾼과 비슷한 농담반 진담반의 말을 던졌다.

　“꽃게탕 끓일 때 이 오징어도 한 마리 넣고 끓여.”

　그런데 그만 오징어 먹물이 터지고 말았다. 손수레 위에
실린 잡화들은 삽시간에 오징어 먹물로 더럽혀졌다.

　그래도 여인은 싫은 내색도 않고 노래를 계속 부르고
있었다. 그 표정이 너무도 의연하여 도대체 저 여인은 속
도 없나 하는 생각마저 들었다.

　옆에 있는 사람들이 나누는 이야기가 내 귀에 들려왔다.
귀동냥으로 들은 이야기는 이러했다.

　몇 년 전만 해도 그녀는 사지가 멀쩡했었다. 그런 그녀
가 삼 년 전에 불의의 교통사고를 당했다. 남편마저 딴
여인과 눈이 맞아 그의 곁을 떠나버렸다. 그녀는 불구의
몸을 이끌고 앞 못 보는 시어머님과 어린 삼 남매를 부양
하고 있다고 했다.

　홀로 세상을 살아간다는 것은 정상인도 어려운 일이다.
연약한 여인의 몸으로 더구나 불구의 몸으로 남편에게 버

림까지 받고서도 절박한 의지로 저렇듯 몸부림치는 그녀를 보자 내 자신이 갑자기 부끄러웠다.

변화 없이 반복되는 삶에 대하여 알 수 없는 권태와 회의를 느끼면서 가장 절실한 꿈이 무엇인지조차 깨닫지도 못한 채 살아온 삶이었기 때문이다.

그 여인에게 있어 가장 절실한 것이 과연 무엇일까. 생각해보니 작은 손수레 위에 가득 실린 잡화들을 오늘 모두 팔게 되는 것이 아닐까. 그리하여 집에서 기다리고 있을 가족들에게 따뜻한 밥 한 그릇 제대로 지어주는 것이 지금 그녀에겐 최고의 소망이자 행복이 아닐까 싶었다.

나는 그녀의 물건을 몇 가지 사기로 했다. 만 원짜리 지폐 한 장을 내민 채 거스름돈도 받지 않고 돌아서려 하는 찰나였다. 여인의 다급한 음성이 나를 불러 세웠다.

"아주머니, 물건 값 외엔 단 한 푼도 남의 돈을 거저 받기 싫습니다. 이 돈 받아 가세요."

여인은 천 원짜리 몇 장의 거스름돈을 내게 내밀며 아까보다 더 의연한 자세로 말했다. 순간 얼굴이 화끈거렸다. 나의 값싼 동정으로 그의 자존심을 상하게 한 것 같아서이다.

김혜식 수필집

세상엔 부정한 방법으로 수십억의 돈을 가로채고도 일말一抹의 양심의 가책조차 느끼지 않는 사람도 있다. 그런가 하면 단돈 몇 천 원이라도 남의 것을 넘보길 두려워하는 사람이 있기에 그나마 이 사회가 지탱되고 있다는 생각이 불현듯 들었다.

언젠가 남편과 함께 오른 겨울 산에서 보았던 꽃 한 송이가 떠올랐다. 아직 겨울의 끝자락이 남아 있던 지난 2월 중순 어느 날이었다. 남편과 함께 오른 속리산 문장대 바위 틈에서 본 그 꽃은 나로 하여금 경이로운 생각마저 지니게 했다.

아직 잔설殘雪이 채 녹지 않은 산골짜기에 피어난 노란색의 그 꽃은 겨울 산속에서 보는 꽃이어선지 신기한 생각이 들었다. 남편은 그 꽃 이름을 '얼음색이 꽃'이라고 내게 일러주었다.

해가 바뀌면서 산에서 가장 먼저 꽃을 피우는 아름답고 강인한 그 풀꽃은 꽃말조차 '봄의 미소'라고 한다. 그 꽃이 피어나면 주위의 눈이 모두 녹고 봄이 온다 하여 붙여진 이름인 것 같다.

지금 이 순간 여인은 꼭 그 꽃을 닮았다고나 할까. 어려

운 역경 속에서도 굴하지 않고 꿋꿋이 살아가는 여인이야
말로 삶의 지표를 잃고 방황하는 우리들에게 어떻게 사는
것이 참된 삶인가를 보여주는 듯했다.

넘어진 여인

숱한 세월을 가슴에 지닌 거목巨木은 마치 성자聖者와 같다. 튼튼한 뿌리로 땅속 깊이 밟고 바른 자세로 꼿꼿하게 서서 푸른 하늘을 머리에 인 채 모든 이파리들을 깃발처럼 나부끼면서 성인군자인 양 한다.

거목도 뿌리가 절반쯤 뽑히면 힘없이 땅에 쓰러져 살 수밖에 없는가. 몇 해 전이었다. 시골에 있는 시댁엘 다니러 갔다가 장마에 쓰러진 거목을 보고 마음 아파했던 일이 있다. 땅바닥에 아름드리 몸을 뉘인 채 가지엔 무성한 이파리를 피우고 있었다. 머리를 하늘에 두지 못하고 넘어져 하늘을 바라보며 신음하던 나무. 성자다운 위풍당당함은 흔적 없이 사라져 그리 보았던 내 쪽의 체면이 오히려 말이 아니었다.

올해 다시 시댁에 들렀다가 냇가 옆을 지나며 깜짝 놀랐다. 그 나무가 여전히 쓰러진 채로 푸른 잎들을 피우고 가을이 되자 변함없이 아름다운 단풍이 곱게 물들어 있었기 때문이다. '아, 넘어진 한 많은 성자구나.' 탄식이 절로 흘러나왔다. 그러나 인간은 한번 넘어지면 성자다운 기품은커녕 품위마저 잃고 말아서 아주 대조적인 것 같다. 자연보다 인간이 비천하기 때문일까.

그날 새벽녘 잠결에 애절한 여인의 울음소리가 새벽 공기를 갈랐다. 섬뜩한 느낌이었다. 아주 슬픈 음성이었다. 그 소리에 이끌려 방문을 열고 밖으로 나가니 바로 옆방에서 흘러나오는 울음소리였다. 무슨 서러움이 저리도 많은 것일까 싶었다. 호기심이 나서 나도 모르게 문을 열고 방 안으로 불쑥 들어갔다.

뜻밖에 시댁 옆방에 세 들어 사는 육십대 노인이 모로 쓰러져 고통스러워하고 있었다. 신음소리와 함께 구슬픈 울음소리가 섞여 나오고, 방안에는 변기가 넘어져 있었다. 흘러나온 내용물이 역겨운 냄새를 뿜어냈다. 인기척을 듣고 그는 연신 힘없이 팔을 내저었다. 그녀의 손을 잡아주자 일으켜 달라는 손짓을 했다. 온몸에 변과 오물을 뒤집어쓰고 있어 악취가 코를 찔렀다. 차마 눈뜨고 볼 수가 없었다. 물을 떠다가 여인의 몸을 대충 씻겨 주고 오물을 치웠다. 그녀의 눈에서는 눈물이 배어 나왔다.

"애, 애기 어, 엄마 고맙 수."

"어쩌다 이러셨어요?"

잔뜩 연민의 정을 품고 말을 꺼내자, 그녀는 울음부터 터뜨렸다. 나중에는 서럽게 소리 내어 울기 시작했다.

작년 초가을이었다. 젊은 청년이 수족을 못 쓰는 여인을 등에 업고서 시댁을 찾아왔다. 한 달만 머물다 가겠으니 빈방 한 칸을 세 달라고 시어머님께 간청을 하였다. 인정이 많으신 시어머님은 마침 홀로 덩그마니 사시는 터라 세도 받지 않고 방을 내 주셨다. 그런데 한 달만 살다가 나가겠다던 여인은 몇 달이 지나도 좀처럼 방을 비울 생각을 하지 않았다. 그리고는 일년이 넘도록 꼼짝을 않는 것이었다. 시어머님은 그 여인을 살붙이처럼 돌봐 주셨다. 그런데 정작 누구 하나 변변히 찾아오는 이가 없었다. 첫

날의 젊은이는 그 날 이후 얼굴 한번 보인 적이 없었다. 며칠에 한 번 정도 여동생이 잠깐잠깐 들러 세탁도 해주고 반찬 등도 챙겨주는 것이 고작이었다.

여인은 몇 해 전, 갑자기 중풍으로 쓰러진 이래, 그 젊은이 등에 업혀서 이집 저 집을 전전한 것이었다. 마치 거추장스러운 짐짝처럼 취급 당하여 몸은 더욱 망가져 버렸다고 한다.

젊은 날에는 아름다운 미모도 있었다. 성실한 남편 그늘에서 참으로 꿈같은 나날을 보냈던 시절도 있었다고 한다. 아들 셋을 두었는데 모두 똑똑하여 학교에서는 공부도 썩 잘하는 우등생들이었다. 남부러울 게 없는 행복한 여인이었다. 그러던 어느 날 낙엽이 흩날리던 늦가을 한낮에 청천벽력 같은 교통사고로 남편은 불귀의 객이 되고 말았다. 세 아이들과 함께 장차 살아갈 일이 막막하였다. 친척도 주위에 별로 없는 그녀는 어린 자식들과 당장 생계가 막연해지자 팔을 걷고 나섰다. 시장에 나가 사과 궤짝을 놓고 과일 행상부터 시작해서 안 해본 장사가 없었다. 손발이 닳도록 새벽부터 한밤중까지 몸을 던졌다. 많은 남자들의 끊임없는 유혹도 물리치고 오로지 일에만 매달렸다. 그리하여 아이들을 최고학부까지 다 마쳤다고 한다. 그 아이들도 좋은 직장을 구하게 되었고 대학까지 나온 규수들과 짝을 지어 주었다. 여한이 없었다.

그런데 막상 자식들을 다 키워놓으니, 결혼해서 딴살림을 차려나간 자식들이 그 동안 숱한 고생에 찌든 어머니를 '나 몰라라' 하고 등진 것이었다. 마지막에는 장가를 가지 않은 막내와 둘이 살았으나, 그마저도 여자를 얻자 어미 곁을 떠나버렸다. 늙고 힘이 빠진 자신을 돌아보니 자식들에 대한 배신감과 적막감이 왈칵 온몸을 엄습해 왔다. 절망과 비통함이 소리를 내면서 가슴속에서 부글부글 끓어올랐다. 그때 저 멀리 아득한 곳으로부터 윙윙거리는 거대한 소리가 다가와 몸에 닿자 전선에 불이 붙는 것 같은 뜨거움을 느꼈다고 한다. 그리고 풀썩 쓰러졌다.

그녀가 가까스로 눈을 떴을 때는 병원이었다. 며느리들은 여전히 모습도 보이지 않은 채 아들 셋이 멀뚱히 팔짱만 끼고 천장만 바라보고 있었다. 여동생만이 눈물 젖은 눈으로 자신을 내려다보고 있을 뿐이었다.

자식들한테 버림받고 이젠 중병까지 겹쳐 건강까지 잃은 자신을 생각하니 신세가 참담하였다. 아들들이 입을 꼭 다물고 외면하고 돌아서 있는 모습을 보자 그 여인은 진한 서러움이 물 밀듯 쏟아져 나왔다. 그러나 아무리 거센 폭포수 같은 울음을 토해내어도 자신의 몸으로 낳은 아이들이지만 마음을 돌이키지 못한다는 것을 그 자신은 누구보다 잘 알고 있었다. 그러한 것이 더욱 자신을 절망의 늪으로 떨어뜨리고 있었다. 그녀는 매일 죽음을 향해 자신의 몸과 마음을 몰아가고 있었다. 인생의 마지막 벼랑 끝에 안간힘을 쓰며 매달려 있는 안쓰러운 모습이었다.

성자 같은 나무는 절망하지 않고 봄이 오면 잎을 피우고 가을이 되면 최대한으로 곱게 단풍으로 수놓는다. 푸른 하늘을 머리에 이고 당당하게 서 있던 옛날의 영화는 잃었을지라도, 매일 죽음을 향해 자신을 몰아가지는 않는다. 쓰러진 나무는 마음을 비우고 평화롭게 살 수는 있어도 넘어진 여인은 죽음 근처에 와 있다는 두려움과 헤어날 수 없는 절망에 휩싸여 있을 뿐이다. 인간은 낮고 자연은 그지없이 높기 때문일까.

김혜식 수필집

육담설 肉談說

성性은 창피한 것이어서 터부시하는 의식이 사회 전반에 팽배해 있다. 그래서인지 가끔 사석에서 벌어지는 걸쭉한 육담을 들으면 때론 심한 거부 반응이 인다. 더러는 은밀히 들추어낸다는 생각에 왠지 모를 짜릿한 쾌감마저 느끼는 경우도 있다.

얼마 전 산행을 하고 돌아오는 관광버스 안에서였다. 평소 성품이 활달하고 입담 좋은 여성 회원이 재치 있는 사회로 육담 대회를 개최했다. 점잖은 분들이 대부분이었으나 먼 여행에서 오는 피로감 해소는 물론 여흥도 즐길 겸

벌인 행사였다.

전에도 여행을 다녀오며 이런 일이 있었다. 몇몇 사람의 진한 음담패설이 왠지 민망해 얼굴이 화끈 달아올랐었다. 이번에는 면역이 생겼는가. 일상에서 얻게 된 스트레스를 말끔히 풀 수 있어 즐겁기까지 했다.

육담을 최고로 잘한 분에겐 소정의 상금이 걸려 있었다. 대상을 차지한 모 여성 회원은 시골 동네 이장님의 여성의 성性을 주제로 한 쌀 수매 안내 방송이었다. 내용이 얼마나 우스운지 끝날 때까지 많은 사람들이 배꼽을 쥐게 하였다. 무엇보다 작위적이지 않고 자연스럽게 웃음을 유발시킨 것은 회원이신 모 교수님의 육담이었다. 조상의 묘를 벌초할 때 남성의 거시기를 벌에 쏘인 후 아내와 갖게 된 잠자리 이야기로 버스 안이 웃음바다가 되었다.

육담 속에는 삶의 해학, 풍자, 익살이 녹아 들어 있다. 시대의 성性 풍속도를 신랄하게 꼬집을 뿐만 아니라, 인간 삶의 원동력이 성性으로부터 출발한다는 것을 새삼 일깨워 주는 듯하다. 그런데 이런 육담 중에는 여성을 비하하거나, 여성의 성을 한낱 남성의 소유물로 생각하게 하는 내용이 대부분이다. 듣고 있자니 나도 모르게 슬그머니 부

김혜식 수필집

아가 치밀었다.

그날 모 여성 회원이 들려준 육담 내용이 그러했다. 어느 할머니가 깊은 산속에 나물을 뜯으러 갔다가 젊은 남자에게 겁탈 당한 후 고민하는 이야기였다. 여자의 성을 바다에 비유하고, 남성을 배에 견주어 남자에게 여인이 받은 상처를 배 떠난 자리로 표현했다. 여성은 남성의 어떤 물리적인 힘에 의해 지배당해도 대항할 능력이 별반 없음을 의미하는 듯하다. 여자라는 이유만으로 운명적인 체념을 해야 한다는 뜻도 내포되어 있어서 매우 귀에 거슬렸다. 그렇다고 내가 무슨 여권운동가여서는 아니다.

육담 외에도 우리가 흔히 생활 속에서 쓰는 낱말을 몇 가지 주의 깊게 살펴보면, 남성들이 아직도 여성을 업신여기고 비하시키는 어휘들이 흔치 않은가.

흔히 여성을 남성들의 성적인 노리개로 표현하는 '윤락'을 뜻하는 '매춘賣春'도 한자 그대로 해석하면 '봄을 파는 것'이다. 전에는 몸을 파는 여인들을 일컬어 '화류花柳'라고 불렀는데, 글자 그대로 해석해 보면 '꽃과 버들'이다. 법적 용어인 '윤락' 또한 원래의 뜻은 '몰락해서 타향에서 떠도는 것'이 아닌가.

이런 어휘들이 본래의 뜻을 잃고 여성을 한껏 폄훼하는 말로 자주 쓰이고 있는 것은 아직도 이 사회가 남성 우위로 이루어지고 있다는 반증이 아닐까 싶다.

여성들이 이런 남성들의 그릇된 시각에서 한시라도 빨리 벗어나려면 스스로의 의식 전환은 물론 언행에도 많은 주의를 해야 하리라. 무릇 여성들은 남성들에게 사랑만 받으려는 의존적인 속성이 없지 않다. 이러한 안일한 생각이 때론 여성의 소신과 뚜렷한 주관을 저해하는 요인이 될 수 있어 남성만 탓할 게 아니다.

여인들은 자신의 외모를 아름답게 가꾸기 위하여 많은 시간과 돈을 투자한다. 미국 오하이오 주의 신디 잭슨이라는 여인은 이십대에 못생긴 외모로 남자들에게 외면당한 것이 한이었던 듯하다. 1988년부터 지금까지 영국에서 스물여덟 차례나 육체 곳곳을 성형 수술을 받았다고 한다. 특히 얼굴 주름살 수술은 네 번이나 받을 정도였다니, 그의 아름다움에 대한 강한 집착을 가히 짐작할 만하다.

이 정도의 아름다움에 대한 투자가 아니더라도 여성들은 외모만 예뻐진다면 몇 십만 원짜리 기능성 화장품도 기꺼이 사들인다. 하나 자신의 내면을 가꾸는 마음의 양식

김혜식 수필집

을 쌓는 일에는 나 자신부터 매우 인색한 편인 것 같아 부끄럽기 그지없다.

살면서 상대방의 겉으로 드러난 외모는 그다지 큰 문제가 되지 않는다. 비록 외모는 수수하여도 겪어보면 볼수록 덕이 있고 마음의 그릇이 큰 사람이 한결 호감이 간다. 또한 예절이 바르고 지적 교양과 따뜻한 품성을 갖춘 기품 있는 여인을 대하면 같은 여성의 입장에서도 절로 고개가 숙여진다. 이런 여성은 남성들도 함부로 대하지 못하리라.

예의 하면 매우 광범위하고 지키기 어려운 것으로 자칫 잘못 생각하고 있다. 실은 우리가 살면서 겪는 아주 사소한 것에서부터 예절은 시작된다. 우린 그 사소한 것을 늘 소홀히 하여 때론 잊고 살 때가 종종 있다.

아무리 여성이라도 말 한마디라도 조심스럽게 해야 한다. 어느 여성은 자리에 앉기만 하면 남의 허물을 들추는 것을 예사롭게 생각한다. 나중에는 그 자리에 당사자가 없다고 근거 없는 말까지 꾸며서 헛소문으로 퍼트려 남을 곤경에 빠뜨리는 일도 서슴지 않는다. 스스로 품위를 잃는 행위가 아닐까 싶다.

말은 한번 뱉으면 주워담을 수도 없다. '세 치'도 안 되는 혀로 인해 남의 마음에 돌이킬 수 없는 상처를 남겨서야 되겠는가. 전혀 근거 없는 흑색선전으로 남의 명예까지 실추시키는 일은 큰일 벌어지기 전에 삼가야 할 일이다.

자신 앞에서 남의 흉을 잘 보는 사람은 다른 곳에 가서도 자신의 흉을 똑같이 보는 사람인지라 참으로 경계해야 할 인물이다. 누가 그런 추한 심성을 지닌 사람을 지성인으로 보아주겠는가. 미처 성숙하지 못한 인격 때문에 잊고 지내는지도 모르겠다.

여성이 에티켓을 철저히 지킬 때 남성들 앞에 더욱 당당해진다. 여성의 품위가 높아지는 것도 예의를 중시할 때이지 싶다.

남성과 함께 어깨를 겨눈다는 것은 꼭 전문적인 분야에 대한 능력만이 전부가 아닐 것이다. 여성으로서 주어진 역할을 충분히 해내는 역량을 갖출 때 그것이 곧 양성 시대의 지름길로 향하는 관문이 아닐까.

김혜식 수필집

묘약 妙藥

사람은 누구나 야누스의 얼굴처럼 양면성을 지니고 있다. 어쩜 나의 경우도 그러하리라.

나의 두 얼굴의 한 단면을 굳이 밝히면 이러하다. 남들은 나를 처음 대했을 때 첫인상으론 매우 활달하고 적극적으로 보여 활동성이 강해 보인다고 한다. 하지만 실상은 성격도 소심하고 내성적이어서 매사에 소극적인 편이다.

다정다감하여 성격이 원만하다는 주위 사람들의 평도 있다. 그것에 반비례해 남편은 어느 땐 내가 면도날처럼 바짝 날이 선 예리한 성격을 보일 때가 있다고 한다. 이젠 어느 만큼 세상을 살았으니 연륜에 걸맞게 날카로운 성격을 버리고 여유로운 사고를 지니라고 충고까지 해 준다. 남편이 운운하는 면도날 같다는 나의 성격이란 매사에 명명백백하고 원리 원칙을 고집하는 그런 면 때문일 게다.

살면서 어지간한 일은 덮어두고 슬쩍 넘어가는 지혜도 때로는 필요하다. 사소한 것이라도 원칙을 벗어난다거나 불분명한 일이 있으면 그것을 정확하게 짚고 넘어가야 직성이 풀린다. 그런 고지식하고 까탈스럽다고 할 수 있는 성격도 세월따라 차츰 무디어져 간다. 결혼하여 남편과 부대끼며 살다보니 서서히 남편의 성품을 닮아 가는가 싶기도 하다.

남편은 연애할 당시 나와 결혼을 결심하게 된 결정적인 동기가 자신과 다른 나의 성격 때문이라고 했다. 매사가 분명하고 야무지며 주관이 뚜렷해 여자라도 세파에 쉽사리 흔들리지 않을 것 같았다고 했다. 정직하고 착한 마음씨까지 지녀서 부모님께 좋은 며느릿감, 아이들의 훌륭한 어머니가 될 것 같은 확신 때문이었다고 하였다.

하지만 결혼생활을 하다보니 전에 보이지 않던 성격들이 드러남을 어쩌지 못한다. 술 좋아하고 친구 좋아하는

김혜식 수필집

호탕하고 정 많은 남편은 매일이다시피 집안으로 친구들을 초대했다. 그때마다 술상을 차리게 했다. 집안에 양식은 못 구해도 회사 동료들의 애경사哀慶事는 꼬박꼬박 챙겼다. 남한테는 사람 좋은 그런 남편이 너무 실속 없어서 야속하기조차 했다.

남편은 친구들 간에 '의리 좋은 사나이'로 통한다. 대인관계에서도 이해타산에 얽매이기보다는 정으로 얽히는 것을 좋아한다. 나와 함께 어쩌다 육거리 재래시장에 나가면 물건의 질이 약간 떨어져도 연세 많은 할머니들이 파는 야채며, 과일 등을 듬뿍듬뿍 사들곤 한다. 뿐만 아니다. 일상 속에서도 자신이 힘들고 손해를 보는 경우라도 남에게 이익을 주는 일이라면 자신의 일처럼 서슴지 않는다. 그래선가. 젊은 날 한때는 악덕 경영주에 의해 혹사당하는 노동자들의 권익을 위해 노동 운동에 앞장서기도 했다.

요즘 세태가 얼마나 각박한가. 그런 세상에 자신의 이익보다 남의 처지를 먼저 배려하며 산다는 것이 어디 말처럼 쉬운 일인가. 그러나 남편은 평소의 생활신조가 "말 한마디라도 남에게 따뜻하게 건네며 살자"가 가훈이 될 정도이다. 남에게 마음만큼이라도 베풀고 사는 것을 삶의 지표로

까지 삼고 있다.

남편에 대해서 잘 아는 주위 사람들은 그런 남편을 일컬어 '구수한 된장찌개 맛 같은 사나이'라는 닉네임을 하나 더 달아 주었다. 주위 사람들이 남편을 겪어보면 볼수록 따뜻한 정을 느끼게 되어 인간미가 물씬 풍긴다 하여 붙여 준 별명일 게 분명하다.

사실 된장의 맛은 구수한 게 특징이다. 남들이 말하는 것처럼 남편의 인품이 토속적인 된장의 독특한 특성과 흡사하다면, 하늘 같은 남편을 하필이면 왜 된장과 비유를 할까 의아해 할 것이다. 그와 살을 맞댄 지도 수십 년이다. 그러다보니 아내인 내가 판단해도 남편의 인격이 오덕五德을 많이 닮은 듯하다.

된장은 다른 맛과 섞어도 제 맛을 내는 단심丹心, 오랫동안 상하지 않는 항심恒心, 비리고 기름진 냄새를 제거하는 불심佛心, 매운 맛을 부드럽게 하는 선심善心, 어떤 음식과도 조화를 이룬다 하여 화심和心, 이렇게 다섯 가지의 훌륭한 덕을 갖춘 음식이다. 그런데 나는 남편과 달리 된장이 지닌 오덕五德 중, 어느 하나도 갖추지 못한 듯해 왠지 부끄럽다.

김혜식 수필집

사람은 나이를 먹을수록 그에 어울리게 처신을 제대로 해야 한다. 그것이 인간으로서의 올바른 처세술일 것이다. 그럼에도 나는 지천명의 나이에 이르러서도 남의 처지를 헤아리기보다는 우선 내 욕심 보따리를 먼저 채우는 데 급급했다. 유난히 자존심이 강하다 보니 친화력이 부족해 남과 허물없이 어울리지도 못한다. 불의 앞에서는 여자라는 이유로, 또는 행여 나에게 불이익이 주어질까 봐 정의롭게 행동도 하지 못한다.

되돌아보니 그 동안 그 어느 것 한 가지 제대로 덕을 쌓은 게 없는 것 같다. 덕은 모든 삶의 원천이며, 인간만이 행할 수 있는 가장 아름다운 최상의 행위 중 하나이다.

우리 사회는 치료가 거의 불가능 상태라고 진단하는 이도 있다. 중증의 각종 망국병이 창궐狷獗하고 있는 실정이다. 카드 빚 때문에 귀중한 인명을 해치고, 국민의 편에 서서 그들의 대변인이 되어야 할 정치인들은 자신의 사리사욕을 채우느라 본분을 잊고 있다. 한창 푸른 꿈을 안고 학업에 정진해야 할 꿈나무인 청소년들조차 어른들의 빗나간 행동을 그대로 답습하는 듯 죄의식도 없이 범죄를 저지르기도 한다.

참으로 혼란스러운 세태가 아닐 수 없다. 비록 작은 일
이긴 하지만, 나의 남편과 같은 마음을 지닌 사람들이 이
사회에 좀더 많아졌으면 좋겠다. 그러면 이러한 혼탁한 세
태의 불치병을 다소나마 치유하는 그야말로 구수한 '묘약'
의 처방이 되지 않을까 싶다.

김혜식 수필집

치마를 벗기지 못하는 남편

나는 다소 엉덩이가 큰 편이다. 예전 같으면 부잣집 맏며느릿감으론 제격일 것이다. 하지만 현대는 여성의 미에 대한 시각이 변해 살집이 풍만한 여성보다 몸매가 늘씬한 여자가 미인 축에 든다.

옛날 농경 시대에는 그 시대가 필요로 하는 노동력 때문이었을까. 집안의 며느릿감으로 적격인 여성은 단연 엉덩이가 실한 여자였다. 다산多産이 부의 원동력으로 손꼽혔던 까닭일 게다. 뿐만 아니라, 여자의 엉덩이가 크다는 것은 아이를 쑥쑥 잘 낳을 수 있다는 속설 때문이 아닐까 싶다.

요즘은 아이를 하나나 둘밖에 낳지 않을뿐더러, 무엇보다 몸매, 건강에 대한 관심이 높다. 그 때문인지 엉덩이가 큰 여성은 인기가 별로 없는 것 같다. 하지만 나는 엉덩이가 실하다 보니 생활 속에서 겪어야 하는 어려움이 없지 않다.

때와 장소를 가려서 입어야 예의에도 어긋나지 않고 미적 감각도 돋보이는 게 옷차림이다. 그럼에도 나는 본의 아니게 패션 감각이 둔감한 사람이 되어버렸다. 사철 치마를 벗지 못하는 게 그것이다. 사실 나도 처녀 때는 유행하던 이른바 나팔바지, 다리 아래쪽은 나팔 모양이지만 엉덩이와 허벅지 쪽이 꼭 끼이는 바지와 미니도 즐겨 입을 만큼 날씬했었다. 그러나 결혼하여 아이 셋 낳고 걷잡을 수 없이 불어난 몸매가 나로 하여금 치마를 벗지 못하게 했다. 내가 치마를 못 벗는 게 아니다. 무엇보다 남편과 이 사회가 내 마음의 치마를 벗기지 못했다. 펑퍼짐한 엉덩이 때문에 바지를 입으면 나의 자태가 마치 꿀 항아리 같다는 남편의 불평 때문이다. 하는 수 없이 남편의 미적 감각에 비위를 맞추느라 울며 겨자 먹기로 치마를 고집하며 입어왔다.

김혜식 수필집

큰 엉덩이 때문에 고민하는 게 어디 나쁜인가. 언젠가 친목 모임에서 누군가 그런 이야기를 했다. 엉덩이가 유난히 큰 자신이 서울 지하철을 탔을 때 일이라 한다. 마침 앞자리에 날씬하게 생긴 아가씨 둘이서 앉아 있다가 목적지에서 내려 자신이 그 자리에 털썩 앉았다. 둘이 앉았던 자리임에도 그 공간이 자신의 엉덩이 크기와 딱 맞물리더란다. 그런 자신이 왠지 남 보기에 매우 민망했다고 한다. 비만이 현대인의 성인병과 미를 해치는 주범으로 화두가 되고 있다. 자신이 게을러서 몸매 관리도 제대로 못한 무능한 여인으로 남에게 오해받는 듯해 부끄럽기까지 했다는 말에 나도 선뜻 공감이 갔다.

남편의 나의 옷차림에 대한 지나친 간섭 때문에 치마를 벗지 못하여 불편할 때가 많다. '시민과 함께 떠나는 문학 기행'에 참석한 일이 있었다. 그날도 남편과 치마를 입고 가느냐, 바지를 입고 가느냐 하는 문제로 실랑이를 벌였다. 남편의 강요에 못 이겨 끝내 치마를 입은 나는 시간이 임박해서 가까스로 약속 장소에 가게 됐다. 관광버스 안에 탄 여자들이 모두 간편 복장이었다. 치마를 입은 여자는 나뿐이었다. 그것도 긴치마를…. 여행은 가벼운 마음으로 활동하기 편한 복장으로 떠나야 자유롭다. 치렁치렁한 긴 치마를 입고 나선 내 꼴이 분위기에 맞지 않는 것 같아 왠지 어색했다.

때마침 사회자가 사람들 기억에 남는 인사말을 한마디씩 하라고 청해왔다. 나는 나의 복장에 대한 변명을 할 양으로 농담 삼아 "오늘은 가을바람이 잔뜩 가슴에 들어서 모처럼 멋을 부리느라 이렇게 치마를 입고 왔습니다."라고 했다. 그러자 옆에 있던 어떤 회원이 평소에 농담도 즐기지 않던 내가 오늘은 어찌 농담까지 다 하느냐며 의아한 표정을 지었다.

남자들의 마음은 알다가도 모를 일이다. 여자는 무조건 조신해야 한다는 고정관념 탓인지 육담이나 농담을 하면 색안경을 끼고 보기 일쑤이다. 더구나 어떤 경우에는 남자들로부터 팔방미인을 강요당하기도 한다. 특히 맞벌이를 하는 부부일수록 심하다. 내 남편도 마찬가지다. 내가 학원 사업 때문에 고민을 하면 아무리 여자지만 사업을 하려면 든든한 배짱이 우선이라고 강조한다. 매사를 속 좁게 생각하면 사업을 할 수 없다면서 통 큰 여자가 되길 은근히 바란다. 나의 겉모습은 다소곳하고 어여쁜 여자이기를 원하

김혜식 수필집

면서 어찌 남자의 성정을 닮길 원하는 것일까. 남편의 나에 대한 그 이중성의 기대를 난 도무지 이해할 수가 없다.

그러하다면 내가 양성의 마음을 지니라고 하는 것 같은데 이 땅에 살고 있는 여자인 나의 삶이 어디 그러한가. 그 무엇 하나 여자라는 굴레를 벗어날 수 있는 게 없다. 점차 남녀평등 시대가 도래하고 있지만, 아직도 남존여비 사상이 남아 있는 게 현실이다. 성인의 과반수가 넘게 아들을 원하고 있다. 상업 지역에서는 이른 아침 여자 손님을 터부시하는 경향도 짙게 남아 있다. 여자가 물건을 사러 아침 일찍 가게에 가면 나간 뒤에 재수 없다며 소금을 뿌리는 곳도 있다고 한다. 이러한 사회의 그릇된 정서 속에선 여자인 내가 올바르게 설자리가 없다.

외국의 경우는 여왕이나 그 나라를 빛낸 여성을 화폐에 그려 넣은 지 오래이다. 우리나라 화폐에는 아직도 세종대왕, 이율곡, 이퇴계, 다보탑, 거북선, 벼나 학이 그려져 있을 뿐이다. 우리나라도 여성으로서 선각자 역할을 한 훌륭한 이들이 많다. 그럼에도 그들의 업적을 기리는데 유독 인색한 이유는 무엇인가. 아직도 우리 사회에 가부장 제도가 남아 있다는 반증이 아닐까.

　남편은 나의 신체적 허물을 가리는 치마를 입게 한 것은 순전히 나에 대한 지대한 관심과 사랑으로 여긴다. 진정한 한 인간으로 이 땅에 살 수 있도록 나를 옭아매고 있는, 거추장스러운 치마를 남편과 이 사회가 훌훌 벗겨 주었으면 싶다.

김혜식 수필집

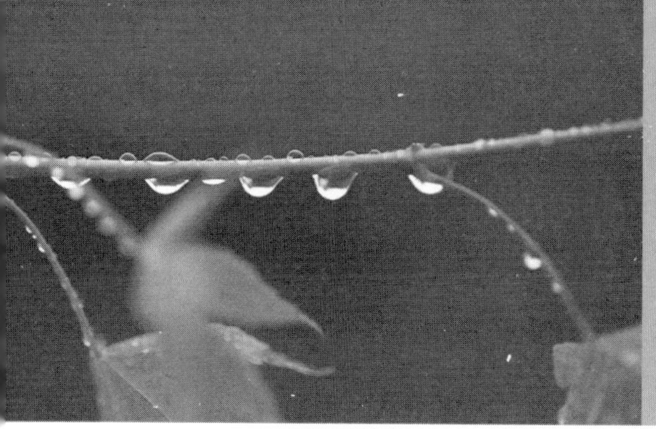

내 안의 무늬가 꿈틀거렸다

제아무리 아름다운 꽃들도, 멋진 비경秘境도
견줄 상대가 없으면, 그 진가를 가늠하기 어렵다.
나의 삶도 냉혹한 현실이라는 무대가 없었으면
영육의 담금질도 별 의미가 없었으리라.
그럼에도 나는 늘 고독에 몰입하며
나만의 마음의 무늬를 가슴에 새기길 즐겨 했다.
어찌 보면, 그건 한낱 이기심에 물든
눈대중으로 수놓은 무늬일는지도 모른다.
이젠 그 허상을 벗고 싶다.
그리곤 진실의 무늬를 나의 삶에 수놓고 싶다.

파라솔을 든 개미

모네의 그림 앞에 선다. '파라솔을 든 여인', 인상파 특유의 매력을 한껏 발산시킨다. 여인은 모네의 아내인 카미유이다. 하얀 드레스를 훈풍에 휘날리며 금방이라도 파라솔을 쓰고 그녀가 캔버스 밖으로 튀어나올 듯하다. 그의 예술적 기법이 매우 돋보인다.

그림을 감상하다 엉뚱하게도 나는 '파라솔을 든 개미'의 생태를 떠올린다.

개미들 중에도, '파라솔을 든 개미'가 있다. 이들은 나뭇잎을 잘라 입에 물고 이동한다. 이동거리가 무려 250m나

된다고 한다. 마치 파라솔을 든 것처럼 보여 일명 '파라솔 개미'로도 불린다.

아열대 지방에 주로 서식하는 개미의 일종이다. 이 개미들은 다른 개미와 달리 성충들이 가지고 간 나뭇잎 조각의 나무즙을 빨아먹고 그곳에다 곰팡이를 길러 유충을 먹인다고 한다. 일종의 그들 나름의 영농법이 아닐 수 없다.

농사를 짓는 동물은 인간과 파라솔 개미밖에 없다. 이 개미는 일억 년 전부터 나뭇잎 조각에 곰팡이를 기르는 농사법을 개발해 유충들에게 곰팡이를 먹여왔다고 한다. 유기농법을 그들은 이미 일억 년 전부터 실행해 왔다는 사실이다. 그렇다면 그네들의 농사법이 인간의 영농營農보다도 더 역사가 길다는 것인가. 그들의 생태의 지혜에 실로 놀라움을 감출 길 없다.

개미는 나뭇잎에 곰팡이를 길러 유충을 기르고, 나뭇잎은 퇴비를 만들어 토양을 비옥하게 만든다. 그리 보면 개미는 인간보다도 훨씬 이전에 영농을 했다는 말이 된다. 이렇게 개미는 일찍이 유기농법을 개발하여 자급자족을 하였건만, 인간은 농업 수확량의 증대를 위해 유기농보다는 화학비료나 농약을 사용하여 토양과 수질을 오염시켜

왔다. 그리하여 생존의 위협은 이제 그 한계를 넘고 있다.

"인간의 삶을 좀더 합리적으로 만들자. 정의로운 국제 경제 질서를 만들자. 모든 과학지식을 환경오염이 아닌, 지속가능한 발전을 위해 동원하자. 생태계에 진 빚은 갚되 사람들과는 싸우지 말자!"

이는 피델 카스트로의 말이다. 지속 가능한 친환경 기술만이 아니라, 삶의 질을 보전하고 한 단계 더 높이고자 하는 사회·경제적 측면과 농촌 지역 사회의 활성화를 동시에 겨냥한 말이겠다.

"봄이 와도 봄을 느낄 수 없다."고 일찍이 설파했던 미첼 여사의 언술은 지구 환경 변화에 대한 일종의 경고였다. 그럼에도 환경의 오염은 이미 자정自淨기능을 상실한 지경에 이르렀다고 한다. 그래 지금, 지구의 대변이大變異는 때 없이 지진과 해일, 폭풍, 폭설을 동반한다. 이런 생명에의 위협은 인간이 스스로 파놓은 함정에 빠지는 자승자박自繩自縛의 결과를 초래한다. 동심과 항심을 잃은 인간의 잘못이지 싶다.

한때 우리 농촌에서는 남의 집 변소를 절대 쓰지 않았던 때가 있었다. 천연 거름을 한 번이라도 더 내려는 마음에

파라솔을 든 개미

서 용변이 급해도 가까스로 참고 제 집으로 갔다. 유년시절, 시골길을 걷고 있노라면, 영락없이 인분 냄새가 코를 찔렀다. 도시인들에게는 참을 수 없는 악취였을지라도, 농군들에게는 곡식을 성장케 하는 향기였다.

그 시절에는 인분을 거름으로 준 농작물을 섭취한 탓으로 몸속에 각종 기생충들로 건강에 위협을 받기도 했다. 어른이며, 아이 할 것 없이 제때 회충약을 복용하지 않아 뱃속에 각종 기생충들이 득시글거렸다. 배는 남산만 하고, 영양실조로 얼굴색이 누렇게 뜬 아이들도 흔했다. 그래도 심성만은 고와 남을 먼저 배려하고 누구의 곁에랄 것 없이 인간적인 냄새가 물씬 풍겼었다. 그러나 요즘은 농촌 들녘에서 인분 냄새가 사라졌듯, 인간적인 체취를 맡기가 점차 어려워 간다.

냄새를 문화사로 연구하는 학자들은 냄새가 평가절하된 것은 18–19세기라고 한다. 찰스 다윈, 지그문트 프로이트 같은 과학자가 후각을 '광기와 야만의 감각'이라고 규정하면서 후각은 자연스레 오감 중에 가장 뒤로 처졌다는 분석도 있다. 요즘은 후각보다 시각이 이성과 문명을 이끄는 으뜸 감각으로 자리해 영상시대, 이미지 세상을 맞

고 있다. 그럼에도 미국 생리신경학자인 '리처드 액설'이
나 '린다 벅'은 인간이 1만여 가지의 서로 다른 냄새를 가
려낼 수 있다 하여 노벨 의학상을 수상하기도 했다.

　자연에는 비약飛躍과 거짓이 없다. 자연은 마땅히 밟아
야 할 과정을 거쳐 점진주의의 원리로 성장하는 지혜를
우리들에게 보여준다. 아열대 지방에는 아직도 파라솔 개
미가 서식하고 있다고 한다. 그들은 비록 미물일망정 자신
들의 생존을 위해 나뭇잎에 곰팡이 농사를 지어 유충을
기르며 생존한다. 하물며 만물의 영장인 우리는 악취 물씬
풍기는 농사를 걸핏하면 짓지 아니한가.

　파라솔이라도 펼쳐 하늘 보기 민망함을 가려나 볼거나.

파라솔을 든 개미

내 안의 무늬가 꿈틀거렸다

숲이 훈풍에 흔들렸다. 풀내음이 향기로웠다. 숲의 향취가 나른한 심신에 활기를 넣어주려는가. 잠시 모든 사물이 정지된 듯 가슴속이 청량함으로 가득 차기 시작하였다. 그렇게 우거진 나무 그늘 아래에서 고단한 몸을 쉬려던 참이었다.

그런데 갑자기 하늘이 낮게 내려앉더니 천지가 자욱해왔다. 그리곤 순식간에 소나기를 몰아왔다. 미처 우산을 준비 못한 나는 온몸으로 비를 맞아야 했다. 겉옷이 빗방울에 축축이 젖어들자, 가슴속 켜켜이 쌓인 삶의 먼지마저 시원스레 씻기는 듯했다.

언제부터인가 나는 비 오는 날이 좋았다. 그 눅눅함이
오랜 벗처럼 반갑기 그지없다. 그래, 그런 날이면 깊은 사
색에 잠기게 한다. 내 마음을 고독의 당의정으로 입히려
하는가.

고독은 때론 우울함을 동반한다. 그러면 나의 가슴에 갖
가지 상념의 무늬를 수놓는다. 막연한 그리움, 삶의 고뇌,
헛된 욕심들이 스멀스멀 가슴속으로 숨어든다. 어느 사이
나의 마음속에 욕망의 무늬로 자리해 날이 갈수록 몸집을
불리고 키를 키우려 한다.

생각하면, 그 동안 얼마나 많은 세월 마음속에 수많은
덧씌움을 꿈꾸어 왔던가. 비록 그것이 가슴 저린 고독을
벗어나기 위한 나만의 안간힘이었는지도 모른다. 아니,
자신에 대한 변명일지도 모른다. 과욕에 의해서라는 말이
더 적절한 표현일까.

헛된 욕망은 고통으로 자라나 나의 마음에 숱한 곡괭이
질을 해 대기도 한다. 그럴 때마다 나는 손끝이 닿지 않는
곳의 행복을 탐내며 아픔을 감내해야 한다.

흙바람을 가슴으로 맞받아 가며 인생의 거친 들판을
홀로 걸을 때에도 나는 결코 혼자가 아니라고 자위하곤

내 안의 무늬가 꿈틀거렸다

했다. 하지만 그 어느 곳에도 고단한 나의 삶을 공유할 동반자는 찾기 힘들었다. 홀로 태어나 혼자 자연으로 돌아간다는 말이 맞는 말이던가. 제아무리 아름다운 꽃들도, 멋진 비경秘境도 견줄 상대가 없으면, 그 진가를 가늠하기 어렵다. 나의 삶도 냉혹한 현실이라는 무대가 없었으면 영육의 담금질도 별 의미가 없었으리라. 그럼에도 나는 늘 고독에 몰입하며 나만의 마음의 무늬를 가슴에 새기길 즐겨 했다. 어찌 보면, 그건 한낱 이기심에 물든 눈대중으로 수놓은 무늬일는지도 모른다. 이젠 그 허상을 벗고 싶다. 그리곤 진실의 무늬를 나의 삶에 수놓고 싶다.

어쩌면 지난 삶이 모양새만 갖춘 무늬뿐이었는지도 모른다. 그럴 때마다 가슴 한구석이 텅 비어 있는 듯한 것은 어인 일일까. 혹여 나는 무늬뿐인 아내, 어머니, 딸, 며느리, 작가가 아니었나 하는 자괴감이 나의 가슴을 짓누르기 시작한다. 겉치레적인 무늬는 덧씌우려 애쓸수록 쉽사리 지워지게 마련이다. 그래 내 가슴속에 그릇된 무늬를 전부 과감히 지워버리고 싶다. 허황된 덧씌움인 무늬만 존재하는 삶은 가식이요 위선이기 때문이다.

무늬는 자연과 조화, 우주만물의 근원처를 생각하며 진실한 마음으로 수놓아야 하리라. 조상님들이 세간에 붙이고 새겨 넣은 무늬만 해도 인간은 자연의 일부이며, 자연과 어울려 순리대로 살아야 한다는 겸허한 인생철학이 그 속에 배어 있지 않은가. 자물쇠에 새겨진 물고기 무늬만 보더라도 물고기는 밤에도 눈을 뜨고 잔다 하여 도둑을 지키는 수호신으로 삼았다. 안방 살림의 장석 문양으로 즐겨 사용된 박쥐는 장수, 부귀, 강녕 등의 오복을 상징하는 상서로운 동물로 여기기도 했다. 박쥐는 밤눈이 밝다 하여 집을 지켜주는 수호의 상징물임과 동시에 잡귀를 쫓는 의도로도 사용했지 싶다.

솜씨 좋은 친정어머니께선 지난날 혼수용품인 나의 베갯잇에 국화, 대나무, 매화 등의 무늬를 수놓아 주셨다. 국화는 건강하여 장수하기를, 대나무는 곧은 성격과 완전무결한 지조를 지니고 살아가기를 소망하는 마음에 의해서였을 것이다. 어머니가 수놓아준 무늬를 문득 떠올린다. 내 안에서 그 무늬들이 되살아나 꿈틀거리기 시작한다. 힘찬 태동은 진실과 부덕의 무늬를 가슴에 아로새기도록 종용하는 듯하기도 하다. 단순한 덧씌움이 아닌 인생의 격을 높이고 삶의 자세를 더욱 진지하게 이끌어가는 진리의 길임을 나로 하여금 새삼 깨닫게 한다.

그렇다. 마음 자락에 인생의 참다운 무늬를 수놓으며 더욱 자신을 낮추고 남을 높이며 살라고 일러주는 건 아닌가. 비로소 내 안에 참다운 마음의 무늬를 수놓을 수 있는 기회를 얻었지 싶다.

배꼽 위아래의 단상斷想

물건의 품격은 효용 가치에 그 척도를 둔다. 물건과 달리 사람 됨됨이는 품성으로 가늠한다고 흔히 말한다. 훌륭한 인격은 선천적으로 타고나기도 한다. 한편 삶을 살면서 스스로 자신을 갈고 닦는 노력 여하에 의해 그 격이 이루어지기도 한다.

동전의 앞뒤와 같은 인간의 양면성은 그 차이가 근소하나 실생활에 파급되는 선·악의 파장은 실로 엄청나다. 인간을 우월하게 만드는 선의 행함과 파멸의 길로 접어드는 악의 탐닉도 따지고 보면 마음 씀씀이에 달리지 않나 싶다.

살아가면서 선을 행하기보다 악의 유혹에 쉽게 젖어든다. 악이 인간의 삶을 보편화, 객관화시키는 것에 따른 부자유스러움, 고통을 쉽게 은폐시키는 힘을 지녀서가 아닐까 싶다.

그 동안 인간은 삶을 통해 온갖 정보, 지식, 지혜, 상식 등을 숙지熟知해 왔다. 그것은 인간을 냉철한 이성과 지성을 갖추게 했고, 그로 인해 인간을 만물의 영장에 이르도록 이끌었다. 이러한 인간의 고도한 사고력의 근원지를 굳이 인체 해부학적으로 분류한다면, 배꼽 위의 사고思考에 해당된다고나 할까.

배꼽 아래의 사고는 어떠할까. 처녀 시절 어머니께서는 사람은 무엇보다 배꼽 아래를 잘 간수해야 일생이 평탄하고 말씀하셨다. 그때는 그 말씀이 무엇을 뜻하는지 깨닫지 못했으나, 이제 반생이 지나서야 그 의미를 알 것 같다. 본능대로 행동하지 말고 마음과 몸을 잘 다스려서 지혜로운 사람이 되라는 당부의 말씀이었다.

배꼽 아래는 들추어내기에는 부끄러울 인간의 원초적 본능을 자극하는 기관이 많다. 배꼽 위의 기관이 삶을 살아가는 데 가장 필요한 기본적인 기능을 지닌 장기가 많다면, 배꼽 아래는 인체에 필요한 각종 영양분을 분해하고 남은 찌꺼기가 배설되는 기관이 있다. 남자의 경우 배설 기관인 항문과 삶의 원동력과 사랑의 씨앗을 저장하는 생식기가 그것이다. 여자 또한 남자와 대동소이大同小異하나, 남자와는 달리 사랑의 씨앗을 잉태할 수 있는 옥문을 함께 갖추고 있다.

그 신성한 문을 장소와 때를 가리지 않고 요즘 젊은 여성들은 아무한테나 개방하고 있다. 물론 성에 대한 윤리의식이 많이 바뀐 탓도 있을 것이다. 그들의 성의식이 바르지 못한 것은 다름 아닌 어른들의 잘못이 자못 크다 싶다. 청소년 성 매매가 그렇다. 돈이면 다 된다는 물신주의와 힘 안 들이고 돈을 벌겠다는 그들의 한탕주의가 가세해 점차 오염되어 가고 있지 않나 싶다. 무엇보다 향락에 탐닉하는 타락한 사회풍조가 그들의 탈선을 부추기고 있다. 순결한 몸과 마음을 몇 푼의 돈으로 사서 순간의 쾌락을 즐기려는 어른들의 동물적 본능이 그들의 꿈과 희망마저 짓밟고 있는 듯하다. 순전히 배꼽 아래의 원초적인 욕망을 다스리지 못한 우매함에서 비롯된 것이리라.

배꼽 위아래의 단상斷想

배꼽 위의 사고가 인간의 삶을 지배하는 능력을 지녔다면, 배꼽 아래도 어느 정도 그에 걸맞는 격을 갖추어야 하지 않을까. 인간의 본능인 탐욕을 다스리는 데는 이성과 지성도 소용없는 것 같다. 그래서 흔히 "배꼽 아래는 인격이 없다."라는 말이 나왔나 보다.

조물주가 태초에 인간에게 배꼽을 만들어 준 배려는 어머니 자궁 속에서 모체한테 영양분만 섭취하라는 의미는 아닐 것이다. 신체 각 부위별로 고유의 그 역할이 있듯 배꼽은 어머니를 통해 우주의 기만 받게 한 게 아니라, 인간이 선과 악의 기로에서 좌충우돌하지 않는 상충하돌할 때 중용을 지키면서 행동에 중심을 잡으라고 복부 한가운데 자리하게 해 준 게 아닐까 싶다.

예지에 번뜩이는 배꼽 위의 생산적 사고와 배꼽 아래의 가장 원초적인 본능을 조화롭게 잘 다스리면 인간은 꽃보다 아름답지 않으랴.

김혜식 수필집

칸 나

가슴에 불이 탄다. 내 가슴에 불이 붙어 활활 탄다.

시골에서 잠시 어린 날을 보내고 있을 때 일이다. 얼음판에서 썰매를 지치다가 아이들과 함께 모닥불을 지피고 있었다. 논바닥에 쌓인 짚더미가 눅눅해 불을 붙이려고 애를 쓸 때였다. 갑자기 바람이 심하게 불어서 불꽃이 내 몸에 튀었다. 그 바람에 하필이면 나의 앞가슴 옷자락에 불이 붙은 것이다. 어머니께서 설빔으로 사주신 털옷을 손바닥 크기만큼 태워먹은 것이다.

그 일로 어머니는 내게 회초리를 들었다. 또다시 위험한 불장난을 하면 그땐 종아리를 심하게 때리겠노라고 호통을 치셨다. 겁이 난 나는 다시는 불장난을 하지 않겠다고 어머니와 굳게 약속을 했다. 그러나 어머니와의 약속을 끝까지 지키지 못했다. 틈만 나면 나의 불장난은 계속되었다.

성냥에는 고야의 「마야의 나체」가 인쇄되어 있었다. 그 팔각형 성냥갑에 성냥개비를 살짝 그어대면 순간 빨갛게 불꽃이 타올랐다. 어린 나의 눈에도 왠지 아름다웠다. 불 붙은 성냥개비를 급히 부엌으로 갖고 가서 아궁이 속의 땔감에 불을 붙였다. 너울거리며 타오르는 불꽃은 학교 꽃밭에 피어난 칸나의 붉은 꽃잎들처럼 곱고 강렬했다.

수많은 칸나 꽃잎들이 아궁이 속에서 춤을 추듯 활활 타올랐다. 불꽃은 그 아름다운 입속으로 아궁이 속의 나무들을 단숨에 날름 삼키곤 삽시간에 허공으로 사라졌다. 나는 사라진 불꽃이 아쉬워서 고개를 빼어 재만 남은 빈 아궁이 속을 하염없이 들여다보았다. 그러나 불꽃이 삼키고 남은 사물의 회색빛 재들만 한 줌 남았을 뿐, 그 어디에도 아름다운 불꽃은 보이지 않았다.

김혜식 수필집

얼마 전만 해도 제 모습을 갖추었던 나무토막들이었다. 아름다운 불꽃의 혀가 날름거리며 그것들을 순식간에 삼키는 것을 보고서야 나는 불의 위력을 새삼 실감했다.

유년시절 불장난을 할 때 보아왔던 불꽃과도 같았던 칸나 꽃잎. 그것을 바라보노라니, 문득 아궁이 속에서 이글거리며 타오르던 잉걸불의 정염을 꽃잎이 품고 있는 듯하다. 그 뜨거움에 마치 내 가슴이 갑자기 녹아버릴 것 같은 착각마저 든다.

내 가슴에 각인된 칸나의 붉은 꽃잎과도 같았던 아름다운 불꽃. 이글거리며 타오르던 잉걸불의 뜨거운 정염과 영원히 어둠을 밝힐 것이라고 믿었던 불빛의 불변성. 그러나 그 이면엔 모든 사물을 잿더미로 만드는 황폐함이 내재되어 있음을 내가 왜 모르랴. 그러면서도 나는 늘 나의 가슴에 탐욕의 불씨를 안고 살아왔다.

인류가 불을 이용하여 문명을 싹 틔웠으나, 불은 인간에게 이로움만 안겨주는 게 아니었다. 불은 활화산 같은 뜨거움으로 인간의 가슴을 태우고 머리를 불사르기도 한다. 그것이 인간의 심연을 태우는 불의 이중적 속성임을 익히 알면서도 나는 그 동안 내 마음에 지핀 불을 끄는 데 매우 소홀했다.

인간의 가슴, 머리에 질러지는 불은 두 가지다. 소박한 소원을 간절히 불러일으키는 욕심欲心과 고통의 근원인 욕심慾心이 그것이다.

나는 과연 선한 마음으로 행복을 절박하게 원하고 있었을까. 자신을 되돌아보건대 불교에서 말하는 욕심欲心이 아닌 허황한 욕심慾心에 사로잡혀 살아온 나날들인 듯싶다.

탐욕에 사로잡혀 하루하루를 그것에 속박 당하여 지내다 보니 욕망으로 점철된 마음의 불을 끌 엄두는 내지 못했다. 늘 가슴속 욕심의 가마솥에 끊임없이 불을 지피는 데만 주력했다. 그렇다. 살아오는 동안 얼마나 나는 많은 마음의 불장난을 저질렀던가.

성숙한 인격을 미처 갖추지 못하다 보니 사소한 일로 남에게 피해를 준 적은 없었는지…. 질투와 이기심 때문에 남의 허물을 들춘 것은 몇 몇 번이었을까. 욕망에 눈이 멀어서 나의 욕심만 채우려 발버둥치지는 않았던가. 그런 나의 언행 탓에 마치 잉걸불에 얼굴을 들이밀었을 때처럼 낯이 뜨거웠다.

나의 가슴에 헛된 욕망의 불을 지필 때마다 불쏘시개 노릇을 한 것도 나의 마음이요, 남의 마음에 아픔을 안겨 주어 분노의 불을 지핀 것도 나의 마음일진대, 무엇 때문에 그런 허튼 불장난을 일삼았었는지 새삼 지난 삶이 부끄럽다.

이제는 지난날 애착愛着과 탐착貪着에 의해 활활 타오르던 가슴속에 묻어 둔 탐욕의 불을 꺼야 하련다. 이젠 삶의 고통에 얼어붙은 가슴들을 따스하게 데워주련다. 칸나의 꽃잎과도 같은 아름다운 불길을 나의 영혼의 가마솥에 지피는 그런 멋있는 불장난을 저지르고 싶다.

돈箋

당신을 예전부터 알고는 있었지만 요즘처럼 당신께 제 자신이 몰입된 적은 없었습니다. 돌이켜 보면 어쩜 지난날이 제겐 더 행복했던 순간이었습니다.

아직 세태에 때 묻지 않았던 소녀시절, 당신 때문에 까만 밤을 하얗게 지새우며 고뇌한 적도 없었습니다. 당신의 체취라도 맡고 싶어 안달이 나서 만나보려고 이 궁리 저 궁리하느라 다른 일도 못한 경우도 없습니다. 그렇다고 당신을 제 곁에 더 가까이 두고 싶어 고심하지도 않았습니다.

그러나 성년이 된 후, 제가 가까이 다가가면 당신은 더

멀리 도망치고 저 혼자 당신을 차지하려면 더 많은 사람들의 손을 타곤 했지요. 그것에 대한 가슴앓이는 한낱 여자로서 사랑에 대한 질투심 때문만은 아니었습니다. 당신으로 인해 제 삶이 여유로워지고 당신을 진심으로 사랑한 마음이 더 컸기 때문입니다.

제 생애에 당신이 제 곁에 없는 순간을 떠올리면 손끝 하나 까딱도 할 수 없는 절망감을 느낍니다. 당신에겐 얼마나 위대한 힘이 내재되어 있는지 스스로 모르실 것입니다. 당신은 모든 만물의 주인이시며 심지어 한 인간의 생에 대한 행과 불행까지도 한 손에 쥐락펴락하실 수 있는 능력이 있다는 것을 말입니다.

당신을 짝사랑하는 사람들이 저뿐만이 아님을 잘 알고 있습니다. 짝사랑이 지나쳐 저처럼 당신의 스토커가 돼 버린 사람들도 숱합니다. 그 중에는 당신을 서로 차지하려고 아귀다툼을 벌여서 인생을 망친 사람도 허다합니다. 이처럼 많은 사람들의 관심과 애정을 갖게 하는 당신의 매력은 무엇일까요. 당신 곁에 있으면 심신이 편안하고 생의 만족을 느낍니다. 당신을 가슴에 품고 있으면 정신적 오르가슴에 도달하여 극치의 황홀함마저 느끼는 것은 어인 일인가요.

그러한 마음이 드는 이유는 당신 앞에는 그 어떤 장애물도 없어서입니다. 당신 곁에 있으면 배를 주리는 가난의 고통도, 모든 생의 아픔들이 당신의 후광으로 모두 해결되기에, 당신을 만나면 저는 짜릿한 희열에 몸을 떨곤 합니다.

사실, 당신만 제 곁에 늘 있다면 왜 당신을 이토록 오매불망 그리워하겠습니까. 하나 당신은 안타깝게도 가끔 제게 잠깐 오셨다가는 조강지처 찾아가는 샛서방처럼 홀연히 제 곁을 떠나십니다. 그런 당신 때문에 늦은 밤잠을 못 이루어 뒤척일 때도, 텔레비전에서 정치인들이 물욕 때문에 구속됐다는 뉴스를 접할 때도, 주말마다 찾아가는 근처 산 정상에 올라서도 전 항상 당신을 그리워했습니다. 어느 한 순간 당신에 대한 집착과 미련을 버린 적이 없습니다. 물론 당신께 이토록 연연하는 제 자신이 때론 부끄럽습니다. 먼저 제 자신을 사랑하고, 제 남편을 사랑하고, 가족을 사랑해야 하겠지요. 아니, 성경 말씀대로 마음의 간음도 큰 죄라고 일렀는데 전 솔직히 고백건대 때론 부모님, 남편, 자식들보다도 당신을 더 사랑한 적이 많습니다.

당신의 음성이라도 듣고 싶어서 마음의 전화를 하루에도 수백 통 걸었습니다. 제 마음은 짝사랑이 지나쳐서 병적

집착인 당신에 대한 스토커이기도 했습니다. 당신에 대한 스토커들이 어디 저뿐이겠습니까. 그래도 글줄께나 쓴다는 선비인 제가 이렇듯 당신께 집착했으니, 어찌 보면 마음의 불륜이요, 배부른 돼지가 되기 위한 안간힘이었으니, 이 과오를 어떻게 용서받을지 그저 송구스러울 뿐입니다.

제 주변엔 스토커들만 있는 게 아닙니다. 수십 년 간 김밥 장사로 모은 돈을 장학금으로 내놓은 할머니도 계시고, 모 대학 교수님은 평생 모은 수억의 돈을 모교 장학금으로 선뜻 내놓기도 했습니다. 그분들이 저처럼 당신을 왜 사랑하지 않았겠습니까. 저처럼 당신께 연연만 했다면 이런 아름다운 일들을 행할 수 있었을까요. 그분들은 당신께 향한 사랑보다도 사람을 진정으로 사랑한 아름다운 분들이십니다.

그 동안 제가 당신을 제 곁에 영원히 꽁꽁 묶어두려고 당신의 뒤꽁무니만 좇아다니며 여태껏 허우적거렸지만, 이제부터 그 욕망의 늪에서 헤어나서 제 본향을 되찾겠습니다. 그래서 저 혼자만 당신을 독차지하려 했던 그 마음을 버리고 제가 지닌 모든 것을 이웃과 조금씩 나누어 갖는 미덕을 배우렵니다.

그렇다하여 당신을 아주 외면하는 것은 아니지만, 지나친 것은 모자람만 못하기에 지난날과 달리 당신을 이젠 적당히 사랑할 것을 약속드리겠습니다.

나의 사랑. 돈이란 이름의 당신이여!

김혜식 수필집

작은 우주에서

밤마다 작은 우주의 가슴에 안겨 잠을 잔다. 어머니의 품처럼 포근하다. 꿈속에서 이따금 어머니를 뵙는다. 단꿈을 꾸는 날이면 나는 행복하다. 그러나 그 여운조차 음미할 겨를도 없이 새 날을 맞이한다.

눈부신 태양을 이마 위에 얹고 작은 우주 안에서 빠져나오면 금세 일상에 몰입한다. 하지만 그것도 잠깐, 이윽고 주황빛 노을이 가슴을 흔들기 시작한다. 그러면 작은 우주는 또다시 품을 벌려 나를 유혹한다. 나는 연인의 품속을 파고드는 요염한 여인이 된다.

작은 우주, 호젓한 공간에 갇혀 비로소 나를 정확히 응시하는 시간이면, 하루 동안 내가 머물었던 자리를 되돌아보는 여유를 누린다.

올겨울은 유난히 춥다. 한 이불 속에 살을 맞대던 남편이 사업차 객지로 떠났다. 그 후 밤마다 추위가 더욱 뼛속을 파고든다. 남편의 자리가 작은 우주 속에서 더욱 크게 느껴진다. 남편이 곁에 없으면 오히려 편안한 잠자리가 되지 않겠느냐고 남들은 우스갯소리를 하기도 하지만 부부란 어디 그런가. 밤마다 코골이가 심하고 이 가는 소리에 수면 장애를 일으켜도 서로 의지하고 배려하는 게 부부는 아닐는지. 남편은 내게 있어 작은 우주이다.

밤만 되면 나는 장롱 속 깊이 넣어 두었던 솜이불을 다시 꺼낸다. 추운 날씨 탓이라고 서러운 자위를 한다. 남편의 부재로 인한 외로움 때문이라는 생각도 떨칠 수 없다. 평소 무겁게만 느껴졌던 이불이 요즘따라 깃털처럼 가볍다. 남편의 품속 대용품으로 쓸 것을 생각하니 갑자기 마음이 우울해진다. 아무리 솜이불이 따뜻하다 한들 남편의 품만큼이야 하랴. 두툼한 솜이불에 나의 몸과 마음을 파묻고 밤마다 잠자리의 허허로움을 달랠 요량을 하니 다소

김혜식 수필집

마음이 밝아진다. 오늘 밤도 홀로 작은 우주 속에 포옹된 채 잠들 것이다.

얼마 전 이불 빨래를 하여 눈처럼 흰 무명 호청에 빳빳하게 풀을 먹였다. 그래서인지 그 품안에 안길 때마다 살갗에 닿는 가슬가슬한 감촉이 왠지 좋다. 초록색 몸판 위쪽에 댄 빨강색 깃이 유난히 곱기도 하다.

눈을 감으면 며칠 밤을 지새우며 이부자리를 만들던 친정어머니의 모습이 눈앞에 선하다. 시내 근교에서 밭농사를 짓던 어머니는 나의 혼수 이불을 장만하기 위해 일부러 목화를 재배했다. 가을에 수확한 목화로 이부자리를 만들어 주셨다. 나는 이불솜을 놓는 어머니의 모습을 곁에서 지켜보곤 했다. 어머니는 작은 우주를 만드셨다. 무명 천 위에 솜이 뭉치지 않게 손으로 일일이 목화솜을 펴놓고 이불 속을 쌌다. 솜을 잘못 놓으면 태가 안 난다며 뭉치지 않게 주의하며 어머닌 솜을 놓곤 하셨다. 솜을 다 놓은 후 쪽물로 물들인 초록색 몸판 위에 빨강색 깃을 달고 풀을 먹인 빳빳한 흰 호청을 씌웠다.

어머니께서 만들어준 이부자리에서 어머니의 지극한 사랑을 새삼 느낀다. 목화솜 한 송이 한 송이를 무명천 위에 놓으며 어머니는 어떤 바람을 가졌을까. 몸판에 빨강색

깃, 초록색 깃을 덧대며 우리 부부가 인생의 긴 여정 속에
서 자연의 섭리와 지혜를 깨닫기를 소망하였을 것이다. 이
불의 가늠자 역할인 깃은 하늘을, 몸판은 땅을 의미하기에
어머닌 단순한 침구가 아닌 작은 우주를 우리 부부의 방에
옮겨 준 것은 아닐는지.

작은 우주를 덮으면 밤하늘의 휘영청 밝은 달빛도 살포
시 찾아와 수줍은 듯 우리 내외의 몸과 마음을 적셨다.
이불을 펼칠 때마다 더욱 넓어진 밤하늘에선 방안 가득
영롱한 별빛들이 무성하게 쏟아져 내리곤 했다.

밤마다 고단한 몸을 이불 위에 뉘인다. 그 순간만이라도
우리 부부는 공장 굴뚝에서 뿜어져 나온 연기에 그을린
몸과 마음을 그 품안에서 순백으로 정화하기를 소원하기
도 했다.

예로부터 이부자리 검은색 몸판에 빨강색 깃을 덧대는
것은 부정한 것, 사악한 것을 물리치고 부부가 왕성한 생
기를 잃지 말라는 뜻도 담긴 것이라고 한다. 초록색 깃은
식물의 푸름을 나타내는 색으로, 왕성한 생명력과 자손이
번성하기를 소망하는 의지가 오롯이 배어 있기도 해서 의
미가 깊지 않나 싶다. 이부자리에서조차도 음양의 조화를

생각한 조상님들의 지혜가 실로 놀랍기만 하다.

이젠 이부자리도 목화솜 대신 간수하기 편리한 가벼운 나일론솜이 안방 차지를 한 지 오래이다. 이불 호청을 뜯어 빨래를 하고 풀을 먹인 후 청아한 다듬이질 소리를 내며 바느질을 하던 여인네의 다소곳한 모습은 간 곳이 없다.

편안한 생활만 추구하다 보니 정성보다는 간편하고 편리함만이 생활 속에 깊이 자리하고 있다. 하지만 옛 여인들은 이불 한 채를 짓기 위해 눈물겨운 노력과 정성을 기울였다. 부족한 게 많았던 그 시절 이불은 무엇보다 소중한 살림살이였다.

그런 이불을 떠올리며 목화솜으로 이불 한 채만 혼수로 해 가도 그저 새각시 마음 씀씀이를 더 가치로 매기던 순박한 그 시절이 불현듯 그립다.

돈만 있으면 무엇이든 할 수 있는 세상이다. 넘쳐나는 게 우리네 세간살이여서 평생을 써도 다 못 쓸 것 같다. 쓰다가 낡으면 버릴 물건일진대 결혼마저도 물질로 저울질한다.

오랜 가뭄 끝에 바닥을 드러낸 저수지 밑바닥처럼 우리네 마음은 왜 이리 갈수록 각박해지는가. 그래서 이 겨울

작은 우주에서

이 더욱 춥게 느껴지는지도 모른다.

　오늘 밤도 작은 우주를 안방에 펴놓아야겠다. 춘향이가 되어 아름다운 단꿈이라도 한바탕 꾸어보려나.

삼득이의 북소리

문득 잠이 깨었다. 공교롭게도 그 시각에 마을 앞산 암자에서 내 마음을 어루만지듯 은은한 북소리가 들려왔다. 나른하면서도 잠깬 뒤의 안온한 게으름을 만끽하고 있자니 그 북소리의 어느 가락을 타고 먼 옛 기억이 떠올랐다.

북소리는 나에게 일찍이 기다림을 배우게 한 소리였다. 어린 시절 우리 동네에 삼득이란 사람이 살았다. 흰눈이 펑펑 내리던 겨울 어느 날이었다. 그는 허름한 봇짐 하나를 옆구리에 낀 채 머뭇머뭇거리며 우리 집을 찾아와서는 문간방을 세賃로 달라고 부모님께 간청했다.

삼득이는 혼자였다. 어려서 고아로 자란 그는 서른이 넘도록 장가도 못 간 채 이곳저곳을 떠돌며 살았다고 했다. 동네 아이들은 그를 북 치는 장이라고 불렀다. 읍내 극장에서 상영되는 영화 간판을 손수레에 싣고는 북을 '둥 둥 둥' 울리며 마을을 돌아다니는 일이 그의 직업이었다.

그가 큰북을 울리며 마을을 다닐 때면 나는 동네 아이들과 함께 그 뒤를 졸졸 따라다니며 해지는 줄도 모르고 놀았다. 얼굴에 우스꽝스런 피에로 화장을 하고 울긋불긋한 복장을 하고선 신명나게 북을 치고 다니는 그가 어린 눈에 마냥 부럽기만 했다.

그는 자신의 뒤를 따르는 동네 아이들에게 곧잘 주머니 속에서 비과며 눈깔사탕을 꺼내 손에 쥐어주었다. 그런 그가 나는 마냥 좋기만 했다.

시골 작은 읍에서 한때 어린 날을 보내던 때였다. 나는 날만 새면 집 앞에 있는 언덕 위에서 늘 그를 기다리곤 했다. 일을 마치고 집으로 돌아오는 그의 손수레를 뒤에서 밀어주는 것이 어느덧 유일한 즐거움이 되기도 했다. 집으로 돌아올 때면 그는 늘 북을 '둥둥' 울렸다. 그것은 하나

의 신호였다. 어쩌다 내가 언덕 위에 서 있는 모습이 보이
지 않으면 내가 왔다고 알리기 위해 언덕 아래에서부터
더 힘껏 북을 내리쳤다.

고사리 같은 손으로 손수레를 밀어주면 읍내 장터에서
사온 빨간 리본 핀을 내게 주거나 알록달록한 예쁜 꽃무늬
가 새겨진 꽃고무신도 사다 주곤 했다.

그날은 가을비가 쏟아지던 저녁 무렵이었다. 울긋불긋
한 피에로 옷을 입은 삼득이가 옆집 과수댁을 등에 업고
헐레벌떡 뛰어오는 모습이 멀찌감치 보였다. 근처 밭에서
김을 매던 순이 엄마가 실신해 쓰러져 있는 것을 그가 발
견하고는 급히 업고 온 것이었다. 그런데 어이없게도 동네
청년들은 그가 순이 엄마를 겁탈하였다고 오해하곤 순이
네 마당에서 사정도 묻지 않고 마구 몰매를 때렸다. 청년
들에게 억울하게 매를 맞은 그는 시름시름 앓더니 그만
그 이듬해 이른봄 끝내 숨을 거두고 말았다.

그의 시신이 가마니에 싸여 극장 간판을 싣고 다니던
손수레에 실려 나갈 때 나는 왠지 슬퍼서 엉엉 울고 말았
다. 여섯 살 계집아이에게 기다림을 배우게 한 북도 그
소리와 함께 그의 무덤에 영영 묻히고 말았다. 동네 아이

삼득이의 북소리

들과 어울려 숨바꼭질도 해주고 일부러 술래가 되어 아이들을 찾아다니던 그의 모습이 어린 마음에도 자꾸 눈에 어렸다. 나는 그의 시신이 실린 손수레 뒤를 따르며 소매깃으로 눈물을 닦아내고 닦아내었다.

훗날 내가 나이가 들어서 알기 시작했지만, 오해란 참으로 무서운 일이었다. 그래선가. 문학 작품엔 종종 이런 화소話素를 소재로 하고 있다.

셰익스피어의 4대 비극 중의 「오셀로」는 무용이 뛰어난 맹장이었다. 하지만 부하인 이야고가 깊이 그에게 앙심을 품은 나머지 자신의 아내를 시켜 오셀로의 아내인 데스디모나의 손수건을 훔치게 해 오셀로의 부하인 캐시오의 방에 떨어뜨린다. 그것이 오셀로의 눈에 뜨였다. 캐시오의 방에서 아내의 손수건을 발견한 오셀로는 죄 없는 데스디모나를 의심하고 질투한 나머지 부정한 여인으로 오해하여 목을 졸라 죽이고 만다.

오해로 인한 비극이 어찌 셰익스피어의 문학 작품에서만 발견할 수 있으랴. 단편소설인 김동인의 「배따라기」에서도 오해로 인한 비극적인 화소들이 있다.

작은 어촌에 두 형제가 살았다. 장가 든 형은 성격이

김혜식 수필집

쾌활하고 아름다운 아내와 잘생긴 아우 사이를 의심하여 질투심과 열등감에 사로잡히게 된다. 그러던 어느 날, 형이 장에서 아내에게 줄 거울을 사 가지고 집에 왔다. 마침 방안에서는 아내와 아우가 쥐를 잡느라고 옷매무새가 흐트러진 것을 보고는 부정한 짓을 저지른 것으로 오해한다. 형은 그 일로 두 사람을 두들겨 패고 아내까지 내쫓아 아내는 그 후 자살을 하고 만다.

세상엔 이렇듯 오해로 인해 억울한 누명을 쓰고 파멸하게 되는 경우가 종종 있다. 그 때 어린 마음으론 미처 깊이 그것을 깨닫지 못했었다. 그리고 왠지 삼득이를 죽음에 이르게 한 동네 청년들이 밉고 착한 삼득이가 한없이 가여웠다.

그 뒤 마을 양지뜸 산 구릉 한 자락에 묻힌 그의 무덤 앞을 지날 때마다 그의 모습이 떠오르곤 했다. 그가 성큼성큼 걸어나와 피에로 옷을 입고 동네를 돌며 '둥 둥 둥' 북을 울릴 것만 같았다.

아이들과 뛰어 놀다가도 문득 불쌍하고 가엾은 그의 생각을 떠올리곤 했다. 그럴 때마다 그의 무덤 앞에 다가가 가만히 그곳에 귀를 대보곤 하였다. 그럴 때면 그곳에서 내 가슴 가득 '둥둥' 하는 북소리가 전해져 오는 듯했다.

그것은 어린 내 영혼을 흔드는 하늘의 소리였다.

벌써 삼십 년도 훨씬 지난 일이지만, 오늘따라 순수했던 그 시절의 그 소리가 불현듯 그립기만 하다. 지금 그 무덤은 필시 무고장無顧裝이 되어 잡초만 무성하리라 생각하니, 못내 가슴이 아파온다.

문학이 밥 먹여 주나

원고지와 마주한다. 사뭇 가슴이 떨린다. 가슴속에 언어의 불꽃들이 너울거린다. 그 뜨거움에 내면의 속살이 무르익는다. 고인 상념들이 발효하기 시작하는가. 이내 아름다운 영감이 가슴을 비집고 들어온다. 그 향기가 진동한다. 그러나 그뿐, 나는 한 줄도 써내려가지 못한다. 창작의 어려움이 그 어느 때보다 나를 짓누른다. 글을 써야한다는 강박관념이 내 안에서 불꽃처럼 타오르건만 상념은 이어지지 않는다. 이 길에 들어선 것을 이따금 후회까지 한다. 어떤 이는 그랬다. "문학이 밥 먹여 주나?"라고.

돌이켜보면 나는 문학의 실체도 모르는 채 미로를 찾듯 헤맸나 보다. 아니, 나의 내적 감각을 어휘 몇 개를 나열하면 되려니 싶었다. 고단한 삶도 찬란한 무지개로 아름답게 형상화하려니 싶었다.

그런데 이제 비로소 모든 예술이 그러하듯 문학 또한 막연한 동경만으로는 조우할 수 없는 우주와 인간을 잇는 최고봉임을 깨닫는다. 아니, 혼을 바쳐서 치열하게 몰입하지 않으면 마치 신기루처럼 눈앞에서 사라질 수 있다는 것을 이제야 비로소 각성하게 된 것인가.

내가 문단에 처음 발을 들여놓은 것은 십여 년 전의 일이다. 그땐 안데르센처럼 펜 끝에 달빛을 묻혀 글을 쓰고 싶었다. 진솔하고 순수한 글을 써서 많은 사람들과 공감대를 이루고자 했다.

무엇보다 내가 문학에 심취한 이유는 사춘기 소녀 때부터 가슴에 품어온 '인생이란 무엇인가?'에 대한 철학적인 의문 때문이었다. "나는 어디서 와서 어디로 가고 있는가?"라는 자신에 대한 질문에 끊임없이 빠졌지만 스스로 명쾌한 답을 구할 수가 없었다. 해서 책 속에서나마 인생

김혜식 수필집

의 진리를 얻으려고 많은 양의 책을 읽기도 했다.

그러나 책 속에서조차 아무런 답을 구하지 못했다. 나는 한창 꽃다운 나이인 이십대에 삶에 대한 깊은 고뇌에 빠지기까지 했다. 그러한 번민은 인간의 삶 자체가 때론 모순과 오류투성이일 것이라는 결론에 도달하게 하였다. 결국은 일회성 삶이기에 영속적인 불변의 행복은 더 이상 인간세계에는 존재하지 않을 것이라는 회의적인 결론을 내게 안겨 주기도 했다.

이런 헛된 상념을 나의 가슴속에서 지우기 위하여 정신적인 유토피아를 간구하며 이십대에는 글쓰기에 전념하였던 것 같다.

결혼 후 남편 뒷바라지와 아이들 양육 때문에 미루었던 글쓰기는 늦둥이로 막내 딸아이를 낳은 후 서서히 나를 다시금 찾아왔다. 그래 연일 가마솥 같은 무더위가 기승을 부리던 여름날에도 아랑곳하지 않았다. 칭얼대는 젖먹이인 막내딸아이를 등에 업고 식탁에 엎드려 글을 쓰기도 했다. 그때는 얼마나 글쓰기에 빠져들었는지, 딸아이 배와 내 등에 땀띠가 돋는 줄도 몰랐었다. 그렇게 정신없이 글쓰기에 몰두하다 보니, 나의 내면에 내재된 마음의 갈증

문학이 밥 먹여 주나

이 다소 해갈되는 듯했다. 지난날 가슴에 품어 왔던 인생에 대한 의문점도 하나둘 풀리는 듯했다. 글 쓰는 재미도 그만 쏠쏠했다.

그 후 공기업이나 은행 등에서 실시하는 문예 작품 대회에 투고한 나의 글들이 수차례에 걸쳐 입상되기도 하였다. 1995년인가. 당시 주부백일장으로 가장 권위 있던 한국여성문인협회 주최로 개최된 전국 여성 백일장에서 수필 부문에 장원을 하는 영광을 안기도 했다. 지금이야 이런 문학적 경력이 대수롭지 않은 일이지만, 문학을 짝사랑했던 그때로선 나에게는 획기적인 일들임이 분명했다.

자신감을 얻은 나는 글쓰기에 대한 열망과 열정만으로 당돌하게 감히 등단의 문을 두드렸다. 그리고 등단 후 삶의 체험 속에서 길어 올린 인생의 심오한 통찰, 깊은 깨달음, 예리한 안목과 삶의 새로운 발견 등으로 일관된 글을 쓰고자 했다. 하지만 안타깝게도 그 동안 지향해 왔던 높은 문학성을 지닌 글을 쓰는 일이 어디 쉬운 일이랴. 얄팍한 나의 삶의 철학과 귀동냥으로 주워들은 작품 이론만으론 훌륭한 글을 쓸 수 없다는 것이 그저 부끄러웠다.

내가 훌륭한 글을 쓰기가 힘들었던 이유는 그에 걸맞는

김혜식 수필집

인품, 박학다식함, 풍부한 인생 경륜, 삶의 철학적인 사유가 뒤따름을 까맣게 잊고 지냈던 것이었으리라. 글줄이나 쓴다는 지적활동을 하는 여성이라면, 마음의 진선미 정도는 기본적 소양으로 갖추어야 한다. 하지만 지천명의 나이에 이르도록 나는 아직도 인격의 성숙이 덜 된 채 여느 작가들의 대열에 동참하고 있는 듯하여 자괴감마저 든다.

어디 그뿐이랴. 그 동안 문학을 한답시고 얼마나 오만을 부렸던가. 나의 명함 뒷면에 내가 속한 문학 단체를 거창하게 거론하여 이를 빌미삼아 사업상의 명분을 내세워 과시하지는 않았던가. 혹여 속물근성에 젖어서 문학을 무슨 부적처럼 가슴에 달고 지낸 것은 아니었는지 모를 일이다.

문학을 앞세워서 사회적 지위, 물질 등을 획득하려 한다면 진정한 예술인이 될 수 없을 것이다. 훌륭한 화가는 아무리 배가 고파도 자신의 소중한 그림을 값싼 빵과 맞바꾸지 않는다. 세상이 혼탁해도 예술의 꽃은 그것에 오염되지 않는 순수의 골짜기에서 피어나야 본연의 예술 혼을 아름답게 불사를 수 있다.

괴테는 그의 『파우스트』에서 존재, 선, 악, 구원의 문제 등을 직접 주제로 형상화시켰다. 나의 글쓰기가 비록 그

문학이 밥 먹여 주나

경지까지는 도달하지 못할지라도 내 영혼을 바르게 응시할 수 있는 영안靈眼을 갖추게 하는 글 정도는 써야 하지 싶다.

그렇다. 문학이 나의 밥줄은 분명 아니다. 하지만 선뜻 나의 마음속에서 그것을 저버리지 못하는 것은 문학은 내게 '배부른 돼지'가 되지 않도록 늘 마음의 채찍을 준비하게 하기 때문이다. 문학을 감히 인간의 생계의 수단으로 삼기엔 너무나 경이로워 세속화할 수 없기에 나의 고차원적인 정신적 지주로 삼고 있을 뿐이다.

그것은 오로지 내가 인간으로 삶을 살면서 숱한 오류와 허물을 반성하며, 우주와 인간과의 유기적이고 입체적인 마음의 대화를 문학을 통해 표출하기 위해서이다.

그럼에도 나는 문학 앞에서 늘 내 자신이 작아지고 있음을 안다. 이는 삶의 실존적인 것에 대한 나의 정신적 탐구이자, 자신의 자아실현의 발로이기도 하다.

내 앞에 우뚝 선 문학의 최고봉을 경이로운 눈빛으로 바라본다. 살과 뼈를 깎는 고통과 혼신의 힘으로 그것의 정상을 오르는 꿈을 실현하기 위하여 몸과 마음의 담금질을 게을리하지 않기 위해서이다.

김혜식 수필집

무엇보다 삶의 가치를 물질보다 정신적 가치에 두고 싶다. 그러기 위하여 작가들의 혼이 깃든 눈부신 언어로 수놓은 주옥 같은 글을 가슴으로 읽고 싶다. 아직도 문학 앞에서만큼은 마치 첫 걸음마를 떼는 어린아이처럼 서투름을 벗어나지 못한다. 오늘도 조심스레 겸허한 마음으로 붓을 든다.

주례자가 되고 싶다

혼례예식의 막이 오르려나 보다. 예식의 시작을 알리는 사회자의 말이 끝나자마자, 신랑과 신부가 차례로 입장한다. 사회자의 안내에 따라 예식이 진행된다. 그런데 이상한 일도 다 있다. 예식이 시작되어도 주례가 없다. 혼인서약이 끝나자, 분홍색 옷을 곱게 차려입은 신부의 어머니가 마이크 앞에 선다. 그리곤 새로운 인생의 출발점에 선 두 사람에게 당부의 말을 한다. 그렇다. 여자 주례자이다. 장벽 허물기인가. 새로운 패러다임인가.

나는 분홍색 한복을 세 번 입어야 하지 싶다. 세 딸의

김혜식 수필집

어머니기 때문이다. 그런데 이즈막 적잖이 고민스러운 일이 있다. 내 나이 몇 살 때쯤이나 해서 분홍색 한복을 입게 될까 해서이다.

큰딸아이는 지금 대학에서 음악을 전공하고 있다. 벌써부터 결혼을 하고 싶어 한다. 하지만 아직 딸아이는 남자친구도 한 명 없다. 그런데도 툭하면 결혼 이야기다. 남의 일로만 여겨왔던 혼사가 내 코앞에 닥쳐왔지 싶다.

돌아보면 그 동안 딸아이들을 여태껏 어린아이로만 여겼었던 게 사실이다. 한데 어느덧 성장하여 아이들 입에서 결혼 이야기가 나오고 있다. 당혹스럽기도 하지만 가는 세월을 실감하기도 한다. 그래 성장한 딸아이들이 하나 둘 나의 곁을 떠나 새로운 보금자리를 틀 날이 이제 머잖은 것 같다. 이따금 나는 딸아이들이 우리 둥지를 떠날 때, 어떤 말로 주례사를 남길까 하는 생각을 하곤 한다.

우리 아이들에게만은 천편일률적인 주례사를 들려주고 싶지 않다. 결혼식장마다 되풀이되는 주례사는 식상한지 오래이다. 그래서 '효'와 '사랑'을 내세우기 앞서 나는 결혼식장에서 딸아이들에게 이색적인 주례사를 남기고 싶다.

이십여 년 전이다. 내가 결혼할 때 어머니는 편지 한

통을 혼수 속에 넣어 주셨다. 지금도 누렇게 빛 바랜 그것을 간간히 꺼내어 읽을 때마다 어머니의 절절한 자식 사랑에 콧날이 시큰해진다. 어찌 보면 어머니의 이 편지는 글자 한자 한자마다 그 어느 덕망 있는 분의 주례사보다 더 나의 가슴속을 속속들이 파고드는 귀한 말씀이었다.

"남편의 천성을 고치려 애쓰지 말아라. 단점을 들추지 말고 좋은 점만 바라보며 살아라. 시부모님께는 정성을 다하여 효도하고 시댁의 가풍을 따르도록 노력하라. 시부모님 흉을 남에게 보지 말고 시댁 동기간에 우애를 끊지 말아라. 어미는 목숨이 다하는 날까지 너의 행복을 빌 것이다."

결혼하여 힘겨운 삶의 고비를 넘길 때마다 나는 어머니의 편지 글귀를 지팡이 삼아 오늘날까지 숨 가쁘게 달려왔다. 나라고 성인군자가 아닐진대 어찌 시댁에 대한 불만이 없었겠는가. 그때마다 어머니의 편지 내용이 문득문득 떠오르곤 했다. 남 붙들고 시댁 흉도 보지 않았을 뿐만 아니라, 시댁 동기간들과도 얼굴 붉히는 법 없이 지금껏 지내 왔다.

어머닌 집안에 아버지의 부재로 인해 혹여 자식들의 가정교육이 소홀할까 봐 노심초사하던 분이다. 더구나 딸자

김혜식 수필집

식들은 남의 집 가문의 귀신이 될 사람이므로 더욱 지혜로워야 한다고 우리들에게 누누이 강조했다. 남편이나 시댁 식구들한테 도리를 다하여 처신해야 친정부모에게 허물이 돌아오지 않는다는 말씀도 잊지 않았다. 그런 어머니의 가르침 때문인가 보다. 우리 형제들은 그런 어머니 바람대로 모두들 열심히 잘 살고 있다. 이 모두가 어머니의 따뜻한 사랑과 절도 있는 가정교육 때문이 아닐까 싶다.

어머니의 대물림으로 나의 딸들에게 이런 말을 주례사로 남기고 싶다.

"오늘 우리 부부의 품을 떠나 새로운 둥지를 틀게 될 사랑하는 나의 딸 민재야, 삶의 긴 여정에 고난과 고통으로 넘어지거든 힘껏 일어나 앞을 보고 다시 걸으렴, 힘들고 괴로울 때 남편을 등불 삼아 가시밭길을 헤쳐 나가려무나. 남편이 힘들어 할 때는 쉼터가 되어 주고, 남편이 괴로워 할 때 그를 위로해 주며, 남편이 아플 때 그를 간호해 주는 훌륭한 아내의 길을 삶의 지표로 삼거라. 항상 여성은 위대함을 잊지 말고 그 위대함으로 헌신하여 부덕과 겸양으로 시댁을 빛나게 하는 자랑스러운 며느리가 되거라. 너희 아버지 어머니는 이 생명 다하는 날까지 너희들의 행복과 평안을 염원할 것이다."

　아이들이 결혼하게 되면 그날 나는 분홍빛 한복을 곱게 차려입고 주례석에 서서 이렇게 주례사로 낭독하고 싶다. 그래 양가 부모님들이 차례로 주례석에 올라 신랑신부에 대한 당부의 말로 주례사를 대신하고 싶다. 그러면 자식에 대한 사랑을 새삼 되돌아볼 기회를 얻을 수 있어 더욱 뜻 깊은 결혼식이 되지 않을는지…. 아니, 주례는 남자의 전유물이라는 고정관념에서도 벗어나는 계기가 되지 않을까 싶다.
　주례사를 맡을 생각을 하니 자못 기대가 크다.
　하루빨리 큰딸아이에게 사랑하는 남자가 나타났으면 싶다.

김혜식 수필집

거울 앞에 서서

거울 앞에 선다. 나이를 속일 수는 없는가. 어느덧 젊은 날의 팽팽한 피부가 내 보기에도 낯설어 보인다. 젊은 날 그 찬란한 피부는 어디로 갔는가. 문득 내 얼굴이 생경하다. 화장을 하지 않아선가. 그래, 진실이 아닐지라도 잠시 눈속임이라도 해볼거나.

나는 거짓말을 늦게 배웠다. 살아가면서 선의든 악의든 누구나 거짓을 행하게 된다. 인간이 언어의 수단을 통해 의사를 표현할 수 있는 능력을 갖추기만 하면 습관처럼 거짓말을 한다.

어느 과학자는 인간은 수초마다 거짓말을 하고 있다는 연구 결과를 밝히기도 했다. 하기는 거짓을 늦게 배웠다고 실토한 내 언술 역시 엄밀히 따지면 거짓일지도 모른다.

여자가 하는 거짓말 중 단연 돋보이는 건 무어라 해도 화장술일 것이다.

나는 선천적으로 희고 탄력 있는 피부를 갖고 태어났다. 그래서 그것이 마치 미의 가장 큰 척도인 양 여기고 있었다. 그런 탓인가. 화장품을 서른이 넘어서야 얼굴에 바르기 시작하였다. 소위 색조화장품이라는 아이섀도, 루주 등은 늦둥이로 막내아이를 낳고 서른여덟이 돼서야 겨우 얼굴에 칠하기 시작했다.

피부에 자신이 있어서였던가. 그런 것만은 아니었다. 맨 얼굴에 대한 자부심은 어쩌면 남편의 지대한 관심 탓이라 해도 과언이 아니다. 남편은 평소에 내가 맨 얼굴로 지내도 아름답다고 하면서 화장하는 것을 극구 만류했다. 지금이야 남편 말에 구애받지 않고 마음 내키는 대로 모든 일을 하는 나이지만 그때만 해도 남편의 말이라면 무조건 순종하던 때였다. 무엇보다 화장품을 바르지 않은 것은 세수하고 맨 얼굴로 밖에 나가면 남들이 엷은 화장을 한 줄 알았다. 젊은 날 빼어난 미모를 갖추어서라기보다는 뚜렷한 이목구비와 투명하리만치 흰 피부가 일조를 한 것만 같다. 이렇게 고백하다 보니 사실은 화장도 안 했었는데 남에게 화장한 것처럼 보였으니, 타고난 피부색으로 인해 본의 아니게 거짓말을 한 셈인가.

미장원에 갈 때마다 미용사들의 손끝이 참으로 부럽기만 하다. 여자의 외모는 대체로 머리 스타일이 좌우한다. 가느다란 머리칼을 갖고 외모에 대한 변화를 주면 미용 기술이라기보다는 예술이라고 할 만하다. 그 예술직 손놀림을 가만히 들여다보노라면, 그 또한 눈을 속이는 행위임에 틀림없다. 부분 탈모 증세를 보이는 고객에게는 가는 빗으로 머리를 부풀린다. 헤어드라이기로 모양을 만들어서 스프레이를 뿌리면 감쪽같이 머리숱이 많아 보인다. 그뿐이랴. 파마 기가 강한 시골 할머니 머리도 헤어드라이로 웨이브를 만들어서 단정하게 다듬으면 세련된 머리 모양이 된다. 그것을 바라볼 때마다 눈속임이라는 게 참으로 묘한 힘을 지니고 있음을 알게 된다.

인간의 눈을 잠시 가리는 게 어찌 여자의 화장과 머리 모양뿐이겠는가. 뛰어난 재단사는 여성 몸의 결점을 감추도록 옷을 맞추는 사람이다. 옷 또한 색깔과 디자인에 따라 사람을 달리 보이게 한다. 그도 엄연히 선의의 거짓이다.

그래서 인간의 삶은 거짓과 진실이 교차하므로 연극이라고 했나 보다. 때론 진실을 솔직히 말하면 세상은 엄청난 지탄을 가해 온다. 이제 그러한 세상 사람들 이목을 무시하고 내 자신에게 글을 통해서나마 솔직해지고 싶다. 로또 복권이라도 당첨돼서 수많은 돈을 힘 안 들이고 벌고 싶다. 돈이면 다 되는 물신주의 사상이 판치는 세태에 돈 때문에 얼마나 자유를 잃고 살고 있는가.

여자라도 권력과 명예를 한 손에 쥐고 싶다. 아직도 소위 권력 앞에는 사족을 못 쓰는 게 우리의 실상이 아니던가. 왜냐면 권력과 명예를 가진 자는 그렇지 않은 사람보다 많은 특권을 누릴 수 있기 때문이다.

여자로서 사랑의 샘이 다 마르기 전에 영화 「메디슨카운티」의 다리에 나오는 주인공과 같은 낭만적인 사랑을 해보고 싶다. 그런 마음이 가슴 저 깊은 곳에 자리하고 있는 게 솔직한 심정이다. 물론 사회적 통념과 정서에 벗어나지 않는 정신적 사랑쯤이야 어느 여인인들 한 번쯤 꿈꾸지 않았겠는가.

천수를 얼마나 타고났는지 모르지만, 나는 한 백 살 정도 오래 살고 싶다. 그것도 아픈 곳 없이 건강한 상태로 말이다.

아니, 내게 소망이 더 있다면, 영원히 사람들의 가슴에 오래 간직될 글을 꼭 한 편 남기고 싶다.

다시 거울을 본다. 거울 속에 비친 내 모습이 진실이길 바라면서….

거울 앞에 서서

빛나지 않는 화려함

화려한 장미꽃보다 초가지붕 위에 하얗게 피어난 박꽃은 더욱 좋다.

달빛이 휘황한 밤. 초가지붕 위에 열린 탐스러운 둥그런 박과 지붕을 온통 하얗게 뒤덮고 있는 박꽃을 바라보면 그 처연함에 가슴 가득 슬픔이 번진다.

달빛 아래서 바라보는 박꽃은 청상과부의 애절함 같기도 하고, 처량하기도 하여 마치 우리 큰이모의 신세를 보이는 것 같다.

이모는 일제 강점기 때 정신대에 끌려가지 않기 위해

김혜식 수필집

열여섯 어린 나이로 일찍 결혼을 했다. 소산을 하지 못해서 시댁으로부터 소박을 맞았다. 그 이 후 이모는 여생을 외가에서 보내야 했다.

훌쩍 큰 키에 창백하도록 흰 피부, 항상 물기를 머금은 듯한 큰 눈망울의 이모는 가야금과 판소리, 서예에도 능(能)했다. 내가 대여섯 살 무렵 외가엘 가면, 이모는 나를 무릎에 앉히고 가야금을 뜯게 했다. 뿐만 아니라, 농사일도 억척스레 하여 우리들의 학비도 보태주곤 하였다. 그러다 보니 우리는 깊은 정이 얽혀 나의 어머니보다 더 이모를 따랐다.

이모는 우리 집엘 자주 왔다. 그때마다 나는 이모의 품 깊숙이 파고들며 입고 있는 두루마기로 내 몸을 감싼 채 이모가 나를 싸 가지고 가야 한다고 떼를 쓰기도 했다.

그럴 때마다 이모는 눈물을 흘리며, "너를 내 품에 싸안고 갈 수만 있다면 얼마나 좋으랴." 했다. 당시 이모는 건강이 나쁜지 밭은기침을 심하게 하여 산속의 절에서 요양을 하고 있었다.

이모가 우리 집을 다녀갈 때면 나는 신작로가 보이는 언덕에 올라 이모의 뒷모습이 보이지 않을 때까지 바라보

빛나지 않는 화려함

곤 했다. 그 때마다 이모는 가까스로 발걸음을 옮기며 친자식을 남겨놓고 길을 떠나는 사람처럼 수도 없이 뒤돌아보며 손사래를 쳤다.

얼마 후 산사에서 내려온 이모는 전보다 건강을 많이 되찾은 듯했다. 몇 달 간 우리 집에 머물면서도 이모는 남 앞에서는 자신의 모습을 잠시라도 흐트러지지 않았다. 아침 일찍 자리에서 일어나면 단정히 머리를 빗고 한복을 곱게 입은 후 먹을 갈아 난을 쳤다.

나는 그런 이모의 자태에 반해 나중에 어른이 되면 이모처럼 살아야겠다는 생각을 하곤 했다. 그러나 무엇보다 나의 마음을 사로잡는 것은 그분의 반듯한 행동이었다.

단 한번도 큰 소리로 말씀하시는 것을 들은 적이 없다. 사람들과 이야기를 나눌 때는 항상 속삭이듯 나긋나긋 고운 음성이었다. 아무리 우스운 일이라도 소리 내어 웃지 않았다. 슬픈 일이 있어도 내색하지 않고 기쁜 일이 있어도 밖으로 드러내어 기뻐하지 않았다. 항상 자신의 감정을 안으로만 삭였다.

자신의 철저한 절제를 통해 평생을 곧은 절개와 성실로 살아간 이모를 떠올릴 때마다 내 자신이 부끄럽기 그지없다.

김혜식 수필집

슬픈 일이 조금만 있어도 견디지 못하고 금세 눈물부터 펑펑 흘리지 않았는가. 또 기쁜 일이 있으면 그것을 자제하지 못하고 지나칠 만치 호들갑을 떨며 수선을 피우곤 했다. 새삼 이모와 함께한 지난 일을 떠올릴 때마다 나는 스스로를 되돌아보곤 한다.

박꽃은 어느 누구의 손길도 기다리지 않는다. 장미꽃처럼 현란한 아름다움으로 사람의 마음을 마냥 유혹하지도 않는다. 순백의 아름다움을 지니고 있으면서도 결코 뽐내지 않는 겸손함까지 지니고 있다.

질박하면서도 수수한 박꽃은 바라볼수록 한국의 전형적인 여인의 모습을 보는 것 같아 왠지 정감이 간다. 그런 박꽃의 아름다움에서 지고한 절제의 미를 발견하고, 또 빛나지는 않지만 내면의 숨겨진 화사함에 숨이 막힐 것 같은 경이로움마저 느낀다.

그 아름다움은 인고의 세월을 보내면서도 아픔을 겉으로 내색하지 않던 이모의 모습과 닮은 듯하다. 지금도 박꽃을 떠올리면 돌아가신 이모 생각에 눈가엔 이슬이 맺힌다.

내가 성장한 후에도 이모는 귀한 가르침을 많이 주었다. 세상이 아무리 바뀌어도 여자는 부끄러움을 알아야 한다고 했다. 모든 감정을 밖으로 드러내기보다는 안으로 감추는 것이 최상의 미덕이라고 했다. 자신의 마음의 거울을 항상 깨끗이 닦는 겸허함을 게을리하지 말라는 의미이기도 했다. 본능에 따라 움직이는 마음을 경계하여 절제를 삶의 지표로 삼으라는 뜻임을 이제야 깨닫는다. 이모의 가르침을 반생 가까이 돼서야 비로소 터득하였으니 참으로 우매하기 짝이 없다. "수치심은 모든 덕의 원천"이라는 카라힐의 말이 아니더라도, 우리가 삶을 살며 부끄러움을 모르는 것은 도덕을 저버리는 행위나 다름없을 것이다.

수치감은 곧 부끄러움이다. 부끄러움은 자신의 허물을 깨닫는 것이기도 하다. 뛰는 여자, 혹은 매사에 영악스러운 사람보다는 비굴하지 않고 당당하되 자신을 되돌아볼 줄 아는, 박꽃처럼 내면이 순박하고 탈속한 그런 사람이 그립기만 하다.

피노키오의 코

고개 숙인 남성들에게 희소식이 있다. 복용하는 비아그라 외에 간편하게 코로 냄새를 맡을 수 있는 비鼻아그라가 미국에서 개발 중이라 한다. 이 약은 현재 시중에서 판매되고 있는 알약보다 효력이 빠르고 부작용도 거의 없다고 했다.

비鼻아그라의 약효로 미루어볼 때, 코와 남성 성기와는 뗄 수 없는 생리적인 연관성이 있는 듯하다. 그러므로 그것을 제대로 이용한다면 숙여진 고개 때문에 실의에 젖은 남성들이 자신감을 갖고 활기찬 삶을 살날도 멀지 않을 것 같아 반가운 일이 아닐 수 없다.

삶의 원동력인 성性에 대해 동서고금을 막론하고 성인이라면 누구나 그것의 강, 약에 초미의 관심을 갖게 마련이다.

그런 연유에서인지 남자라면 한번쯤 변강쇠의 기질을 갖추기 위해 안간힘을 쓰기도 한다. 정력에 좋다면 곰 쓸개, 뱀탕, 보신탕 등은 어느새 단골 메뉴가 됐다. 속칭 '만세탕'이라 불리는 동면에 든 개구리까지 잡아먹는다고 한다. 남자들이 자신의 '힘'을 여성 앞에 과시하기 위해 펼치는 필사적인 노력이 한편으론 애처롭기까지 하다. 이런 사정이니 그 비장의 특효약인 비鼻아그라가 나오면 너나 할 것 없이 그 냄새를 맡느라 코를 벌름거릴 것이다. 그 장면을 떠올리면 절로 웃음이 나온다.

인체 중, 남녀의 성性과 관련지어 연상케 하는 인체 부위가 몇 군데 있다고 한다. 하지만 남자들의 코만큼 그 크기로 남성의 그곳을 가늠케 하는 것도 드물 것 같아 참으로 흥미롭기 그지없다. 음탕하기로 악명 높은 14세기 나폴리 여왕 요한나도 자신의 환락 상대로 코 큰 남성을 나라 안에서 널리 구하였다. 이것을 보면 코와 남성 거시기 크기의 등식은 전혀 근거 없는 말은 아닌 듯싶다.

김혜식 수필집

이렇듯 코는 호흡을 할뿐만 아니라, 각종 냄새를 맡기도 하며 남성의 경우 음경 크기를 짐작게 하기도 한다. 또한 도덕적 잣대로도 표출될 수 있다고 하니 조물주의 신비한 능력에 실로 탄성이 나온다.

동화 속의 피노키오는 거짓말을 할 때마다 코가 커진다. 하나 허구로만 알려졌던 이야기가 실제로 증명돼 관심을 끌고 있다. 미국의 웬디 맥파 박사 팀의 연구 결과에 의하면 거짓말을 할 때마다 사람의 코가 1만 분의 1인치씩 커진다고 한다. 이는 거짓말을 하면 혈압이 높아지고 심장 박동이 빨라지는 생리 현상이 코의 성장을 촉진시키는 원인이 되기 때문인 것 같다.

어린 시절 동화 『피노키오』를 읽은 후 군것질을 하기 위해 어머니께 가끔 용돈을 탈 요량으로 거짓말을 한 적이 있다. 그럴 때마다 나는 혹여 내 코가 피노키오처럼 갑자기 커지지 않을까 덜컥 겁이 나서 어머니 앞에서 손가락으로 코를 꼭 잡았던 기억이 있다. 그 후부터 난 거짓말에 은연중 익숙하지 못하다.

학원을 처음 운영할 때 학부모님들한테 아이들의 학습 능력을 곧이곧대로 상담하곤 했다. 그런 태도는 지금까지

고쳐지지 않는다. 그런 나를 곁에서 지켜본 경험이 많은 강사님은 학부모님들께 있는 그대로 아이의 학습 능력을 말하면 학원 사업이 어렵다고 했다. 때론 선의의 거짓말을 해야 한다고 충고까지 했다.

언젠가 신문에서 거짓말을 잘하는 사람은 그렇지 못한 사람보다 사회 적응이 매우 높다는 기사를 읽은 기억이 있다. 강사님의 말을 들은 후 그 말에 일리가 있음을 깨달았다.

하지만 아무리 선의일지라도 남 앞에서 거짓말을 하려면 내 콧등이 갑자기 근질근질해진다. 내게도 이런 증상이 나타나는 것을 보면 웬디 맥파 박사의 학설이 그럴듯하다.

요즘 일본에서는 술집에 드나드는 남성들의 알리바이를 조작해주는 벤처 사업이 선풍적 인기를 끌고 있다고 한다. 남편이 음주 때문에 귀가 시간이 늦어질 경우 아내에게 전화를 걸 때 지하철 안이라고 둘러대면 지하철 소음 녹음 한 것을 전화를 통해 들려준다고 한다. 사무실이라고 거짓말할 때는 컴퓨터 자판기 두드리는 소리 등을 내보내 아내들의 마음을 안심시키고 있다나….

거짓말도 이쯤 되면 경제 원리의 한 방편으로 또는 가정

김혜식 수필집

의 평화를 지키는 방법으로 그 쓰임새가 용이한 점도 없지 않아 있는 듯싶다. 그러나 아무리 피치 못할 사정으로 하게 되는 거짓말이지만, 이런 것까지 상업화하는 일본 사람들의 얄팍한 상술이 눈에 거슬린다. 도덕적 해이마저 불러 일으키지 않을까 하는 우려가 되기도 한다.

우리는 그 동안 삶을 살면서 진실보다 거짓에 길들여져 있다 해도 지나친 표현이 아닐 것이다. 입만 벌리면 떠벌리고 있는 정치인들의 거짓말부터 시작해, 아직도 사회 문제로 떠오르고 있는 불량 식품까지 속임수의 함정은 사회 곳곳에 도사리고 있다. 이런 거짓말은 우리로 하여금 삶에 회의마저 느끼게 한다.

무엇보다 염려되는 것은 나라의 존립 여부를 쥐고 있는 정치인들의 도덕적 불감증이다. 얼마 전 치렀던 총선거 때 우리는 정치인들의 입에 발린 거짓말에 염증이 났었다. 바른 정치인을 뽑기 위해 부정부패에 연루된 국회의원들의 전과까지 낱낱이 들춰 낙선 운동까지 벌인 적이 있다.

전에는 후보자들이 국회의원에 당선이나 되고 보자는 속셈으로 갖가지 거짓말로 유권자들의 총명한 판단을 흐려놓았다. 이젠 그런 행위는 더 이상 용납되지 않는다. 정치에 대한 국민의 관심과 심판은 매우 객관적이고 날카롭다. 이제는 구시대의 행태를 그대로 답습하는 정치인에겐 신물이 난다. 온갖 탐욕으로 얼룩진 사람보다는 참신하고 거짓말을 하지 않는 진실한 인물을 국민들은 원하고 있다.

거짓말 중에는 선의의 거짓말과 악의의 거짓말이 있다. 경우에 따라서는 선의의 거짓말도 인간 사회에 윤활유 구실도 하겠지만, 악의의 거짓말만큼은 일반 사회인이건 정치인이건 반드시 피해야 할 것이다.

거짓말을 일삼는 그들의 코가 동화 속의 『피노키오』처럼 커질 수만 있다면, 사회적 병폐인 거짓말도 많이 없어지지 않을까 싶다.

김혜식 수필집

그리움을 그리워하며

그리움은 대상이 필요한 마음 자락인가 보다.
대상에 따라 그리움의 강도도 다를지 모른다.
쫓기듯 살아가는 삶 속에서 특정한 대상을 향해
보고픔을 갖는다는 것은
인간만이 누릴 수 있는 정서의 특권이다.
가슴속에 그리움이 가득 고여 있는 사람은
마음이 순수하고 여유로워
행복한 사람이 아닐까 한다.

내가 꿈꾸어 보는 사랑

입동이 지났다. 그 동안 겨울을 보내기 위하여 찬란한 몸짓으로 옷을 벗었던 앙상한 나뭇가지에 가까스로 매달린 나뭇잎들이 몹시 안쓰러워 보인다. 지난날의 푸름을 그리워하는 듯 안간힘을 쏟는 나뭇잎이 마치 사추기思秋期에 접어든 요즈음 나의 심정처럼 느껴짐은 어인 일일까.

올겨울은 유난히 가슴앓이가 심했다. 중년의 나이에 이르러 느끼는 삶의 위기감은 나를 일상에서 무기력하게 만들었다. 심지어 심한 우울증까지 겹치게 하였다. 이런 마음의 공황 상태에서 나는 젊음이 상실된다는 안타까움도 무의식 속에 잠재해 있었을 것이다. 보다 더 절박하게 느껴진 것은 삶에 찌들어 본연의 순수한 나의 모습을 잃어가는 것이었다.

어느덧 인생의 반생을 훌쩍 넘어 뒤돌아본 삶은 회한으로 얼룩져 있다. 나의 삶에 더께로 앉은 많은 허물 중에 후회스러운 일은 무언가에 떠밀려 나를 잊고 살아온 일이다. 지난날의 삶의 궤적을 되돌아보니 자신이 한스럽기까지 하다.

사랑만 하여도 그렇다. 자신을 제대로 추스르지 못하고 살아온 지난날이었다. 미혼 시절 사랑다운 사랑 한 번 제대로 해보지 못한 채 꽃다운 나이를 보냈다.

진실로 한 사람을 사랑해 보지 못한 사람은 인생을 논할 자격조차 없다고 흔히 말한다. 나는 내 자신이 스스로 만든 단단한 껍질과 아집에 갇혀 타인을 사랑하는 데는 매우 서툴렀다. 그 서투름은 혹여 나의 이기심 때문이 아니었던가 싶다. 상대방한테 마음을 활짝 열지 못하고 내 마음의 잣대로 상대를 재느라 별 덕 될 것도 없는 시간만 소비한 듯하다.

이제 한 남성의 아내로, 세 아이의 어머니로 젊은 날처

김혜식 수필집

럼 풋풋한 사랑을 꿈꾸는 것은 남편에게 도덕적으로 용서
받을 수 없는 일이긴 하다. 만약 여건이 허락된다면, 한번
쯤 가슴 설레는 사랑을 간직해 보고 싶다. 열린 사고와
가슴 깊이 우러나오는 진실한 마음으로 한 사람을 사랑해
보고 싶다. 비록 사회 통념상 지탄받을 일일지라도, 나는
그것에 개의치 않고 사랑에 대한 열망을 지니고 있다. 위
선이 아니다. 자신에게 보다 더 솔직해지고 싶은 욕구에서
인지도 모르겠다.

인간의 성정을 억제하는 요인이 사회의 통념, 윤리, 도
덕이라는 허울 때문이라면, 사실 그것을 만든 것도 우리
인간이 아니던가. 그것을 깨트리는 것도 우리들이라면,
인간의 사랑만큼은 허용 범위가 관대해야 하리라. 물론 사
회에 물의를 일으키는 불륜을 두둔하는 바는 아니나, 비록
영화 속의 이야기일망정 『메디슨 카운티의 다리』에 나오
는 중년 남녀의 나흘간의 불륜의 사랑을 우리는 도덕군자
의 잣대로만 질타할 수 없는 노릇이 아닐까 한다. 그렇기
때문에 그 영화를 보러 수많은 중년 여인들이 극장가로
몰렸고, 또 대상 체험代償體驗에서 온 동정의 눈물을 찔끔거
렸으리라.

내가 꿈꾸어 보는 사랑

산버들 가려 꺾어 보내노라 님에게.
주무시는 창 밖에 심어두고 보소서.
밤비에 새잎 나거든 이 몸으로 여기소서.

조선조 중엽 3대 시인 중 한 사람인 최경창이 사랑했던 기녀 홍랑이 임을 향한 그리움을 가누지 못하여 지은 이 연시를 가만히 입 속으로 읊조린다. 최경창에 대한 홍랑의 애절한 사랑 앞에 문득 가슴 한구석이 싸아 하게 저려온다.

무엇보다 이 연시가 나의 마음을 사로잡는 것은 내용에 담겨 있듯이 두 사람의 애틋한 정분이다. 요즘처럼 일회성 사랑이 난무하는 이 때, 이 두 사람의 사랑을 떠올리니 갑자기 마음이 숙연해진다. 가정을 가진 최경창은 홍랑 때문에 관직까지 삭탈 당하며 한낱 뭇남성들에게 술과 몸을 파는 그녀를 진심으로 사랑하였다.

홍랑이 비련에 몸부림치며 이 시를 지을 당시인 1573년 가을, 함경도 경성에 북평사로 온 최경창을 만나 함께 군막에서 겨울을 보냈다. 그 이듬해 봄, 서울로 부임하는 최경창을 쌍성(함경도 영흥)에서 작별하고 돌아올 때 비마저 흩뿌렸다고 한다. 이때 홍랑의 가슴에 사무친 이별의

김혜식 수필집

아픔이 어떠하였으랴.

『법구경』에는 "사랑하는 사람을 만들지 마라. 사랑하는 사람을 만나지 못하여 괴롭다."라는 구절이 있다. 사랑은 기쁨과 환희만 안겨 주는 것이 아니다. 그에 따른 엄청난 고뇌도 감수해야 함을 우리에게 시사해 주는 듯싶어 이 구절이 의미심장하게 가슴에 와 닿는다.

그 무엇 하나 거저 얻어지는 것이 있으랴. 역경 속에서 인간은 더욱 의지가 굳어지고, 겨울에 피는 매화도 혹독한 추위 때문에 그 향기가 멀리 간다고 하지 않던가.

사랑의 홍역을 비록 내가 경험은 못하였지만 인간을 성숙시키고 인간을 가장 인간답게 만드는 묘약이 됨을 나는 많은 영화와 소설 속에서 보아왔다.

이젠 더 이상 내가 꿈꿀 수 없는 사랑을 나는 나의 세 딸들에게 말해 주고 싶다. 젊은 날 한 남성을 지독히 사랑해보라고. 그것도 혼신의 힘을 다하여 사랑하라고 일러주어야겠다. 결과에 연연하지 말고 사랑한다는 그 자체로 행복해 하라고 말해 주고 싶다. 사랑은 그 어느 것도 바람을 가져선 안 되고 주는 사랑이 더욱 값지고 아름다운 것이라고 말해 주고 싶다.

멋스런 여인

해질 무렵 서둘러 퇴근을 하다가 동네 앞에서 이웃집 여인을 만났다. 그 여인은 반색을 하며 나를 반겼다. 나도 모처럼 만난 반가움에 그녀와 세상살이 이야기를 화제로 삼아 수다를 떨었다. 저녁밥 지을 시간이 임박해 와서야, 수다를 그치고 발길을 돌리려 하였다. 그때 그녀가 불쑥 던진 말 한마디가 나의 발목을 다시 잡았다.

"어쩜 아주머니는 통통한 몸매인데, 어디서 그런 묘한 매력이 발산하는지 모르겠어요. 보면 볼수록 단아한 모습이 참 보기 좋아요."

김혜식 수필집

면전에 대고 칭찬을 하는 그녀의 말이 왠지 듣기 민망했
다. 그냥 농담으로 흘려듣고 집으로 돌아가려고 하였다.
그러자 그 여인은 대뜸 나를 불러 세우더니,

"어디서 이렇게 예쁜 옷을 샀어요. 꽤 가격이 비싸 보이
는데 나도 한 벌 사 입게 장소 좀 알려 주세요."
하며 내가 입고 있는 옷을 손으로 만지작거린다. 나는 얼
결에 내가 입고 있는 옷이 메이커 옷이 아니라, 흔히 말하
는 길거리(노점상) 패션이라고 솔직히 대답을 하였다. 그
런 내 말에 그녀가 정색을 한다. 노점상에서 사 입은 값싼
옷인데도 내게 제법 잘 어울린다며 그런 옷을 입어도 예쁜
것을 보면 정말 내가 '멋있는 여인'이라며, 나를 한껏 추켜
세웠다.

집으로 돌아오며 그녀의 말을 떠올려 보니 그다지 기분
이 나쁘진 않았다. 괜스레 우쭐한 마음까지 들어서 남편에
게 내가 처녀 때처럼 어떤 옷을 입어도 멋있어 보이느냐고
물어보았다. 갑작스러운 질문에 남편은 잠시 의아한 표정
을 짓더니, "그러니까 젊어서 내가 당신한테 첫눈에 반했
지. 지금도 당신은 매력만점이야." 한다.
남편의 말이 다소 과장적인 것을 잘 알면서도 왠지 그

말 또한 듣기에 싫진 않았다. 그러나 젊은 날과 달리 지금
도 그 시절만큼 나의 모습이 예쁠까 싶어서 남편의 칭찬이
선뜻 믿어지지 않았다. 그 말 속엔 결혼하여 고생만 하고
살아온 나를 위로하려는 배려가 다분히 내포되어 있으려
니 했다. 그래도 종전에 만난 그 여인의 말이 지나친 칭찬
이긴 하나 남편의 말보다 신뢰성이 있을 것 같다는 생각이
자꾸 들었다. 그 착각 때문에 나도 모르게 내 마음의 거울
에 새삼 자신을 비추어 보았다.

　과연 나는 남으로부터 '멋있는 여인'이라는 칭찬을 받을
만큼 그러한 자격을 갖추었을까. 아무리 생각해 봐도 그
칭찬에 합당한 면이 나에겐 별반 없는 듯하다.

　여자 나이 중년에 이르게 되면 그에 걸맞게 옷이며, 장
신구들을 값비싼 제품으로 착용해야 남 앞에서 기품 있어
보인다고 한다. 나는 그런 사치와는 거리가 먼 검소한 삶
을 현재 살고 있다. 그러다 보니 내가 남 보기에 무척 궁상
맞아 보였나 보다.

　얼마 전 남편 친목 모임에서 온몸을 명품으로 휘감은
부인이 나의 핸드백을 빤히 쳐다보고 있었다. 그녀는 내게
와서 여자가 나이가 들면 옷과 장신구들을 명품으로 치장

김혜식 수필집

해야 남 보기에 초라해 보이지 않는다는 충고를 해 왔다.

그녀는 자신의 차림새가 모두 명품이어서인지 태도가 무척 당당해 보였다. 그로 인해 타인 앞에서 상당한 우월감에 젖어 있는 것 같았다.

하지만 나는 그런 그녀 앞에 조금도 내 자신이 부끄럽거나 주눅이 들지 않았다. 설령 내가 입은 옷들이 노점상에서 싸게 파는 값싼 옷일지라도 그 옷을 입어서 내 몸에 잘 어울리면 옷으로서의 기능은 충분한 것이다. 구두 또한 백화점에서 세일하는 값싼 것을 사 신었다 하여도 활동하는 데 지장이 없으면 그것으로 품질 만족인 것이다. 나의 핸드백만 해도 그렇다. 그것을 나에게 선물하기 위하여 틈틈이 한 올 한 올 짠 친구의 정성을 생각하면, 여느 비싼 핸드백이 결코 부럽지 않다. 이런 나의 평소 생활 태도 때문인지 핸드백 한 개에 수십만 원, 옷 한 벌에 몇 십만 원 호가呼價한다는 명품이 나에겐 그다지 필요치 않다.

내가 진정으로 부럽고 또 필요한 것은 이제 사회적 지위도 아니요, 물질 또한 아니다. 훌륭한 인품을 갖춘 이상적 인간상을 갖추고 살아가는 일이며, 그것을 갖추기 위한 노력일 뿐이다. 염치와 부끄러움을 아는 맑은 가슴을 지닌 사람을 만나면 고아한 인품 앞에 자신도 모르게 고개가 숙여진다. 그러한 인격은 천성으로 타고나기도 하지만, 각박한 세태에 살면서 그에 오염되지 않도록 백련천마白練千磨에 의해 이루어진 것이리라. 이렇듯 훌륭한 인품이란 거저 얻어지는 게 아닌 것을 잘 알면서도 그 동안 내 자신의 인격 수양은 게을리하지 않았나 싶다.

중학교 일학년 때 집안이 가난하여 나는 용돈을 나의 힘으로 벌어볼 요량으로 신문을 돌렸었다. 겨울철 살을 에는 칼바람도 아랑곳하지 않고 열심히 신문을 돌렸다. 그렇게 모은 돈으로 추위에 떨고 계신 어머니가 안쓰러워 외투를 한 벌 사다드렸다. 그렇지만 어머니는 내가 산 외투를 받아들고 기뻐하기는커녕 애써 번 돈을 학용품이나 사 쓰지 분수에 맞지 않게 헛되이 낭비했다며 그날 나의 종아리를 피멍이 들도록 내리쳤다.

어머니는 평소에 우리들에게 경제관념이 희박하면 인생이 성공할 수 없다고 하였다. 근검절약을 인생의 지표로 삼으라고 일러주었다. 비록 맨발에 고무신과 누더기를 걸치고 오두막집에 살아도 생각이 반듯하여 자신이 매사에

김혜식 수필집

떳떳하면 겉모습은 절로 멋있어진다는 말씀도 잊지 않았다. 당시 어린 마음에 어머니의 그 말씀이 가슴 깊이 명심되었으나 그것도 순간에 불과하였다. 나는 그 동안 삶을 살면서 어머니 말씀을 제대로 따르지 못하였던 것 같다.

얼굴엔 화장을 하고 철따라 옷을 사 입어서 그럴싸하게 거죽의 허물을 덮기에 급급했다. 날이 갈수록 나의 내면에 쌓여만 가는 욕망과 아집의 더께를 덜어내는 데는 소홀하였다. 우매하여 다양한 지식과 지혜도 제대로 갖추지 못했고, 탐욕에 젖은 탓에 표정 또한 맑지 못하다. 확고한 생활 철학을 지니지 못해 분수를 모르고 생활한 듯하여 뉘우치는 바가 못내 크다.

진정으로 '멋있는 여자'가 되기 위해 이제는 지난날 살아온 삶을 밑거름으로 남은 생의 아름다운 열매를 맺는 일에 최선을 다하여야겠다. 그 열매란 질소質素, 검박儉朴, 절제節制의 생활의 미덕을 실천하는 일이 아닐까 싶다.

남편의 외도外道

'남편의 외도'라고 하면 무슨 큰바람을 피운 일이 아닐까 하고 짐작하리라. 사실은 그게 아니다. 직장 생활을 하는 남편을 두고 있는 아내라면 누구나 남편이 아무 탈 없이 회사 생활을 하길 바라는 것이 인지상정일 것이다. 그런데 나의 남편은 다른 의미에서 자초한 외도를 하고 말았다. 그래서 한때나마 많은 고달픔을 겪었다.

남편은 국내 굴지의 모 재벌 그룹의 계열 회사에서 근무했었다. 당시 노동자들의 열악한 근로 조건과 극심한 노동 착취에 남편은 항거하다가 회사에서 해고되었다. 그가 노동운동에 참여한 이유는 학창 시절부터 의협심이 강하고 학생 회장직을 거의 도맡아 왔던 그의 리더십 탓이기도 하다. 무엇보다 남편이 노동운동에 나선 것은 노동자들의 힘겨운 삶의 실상에 대한 안타까움이 앞섰기 때문이었을 것이다.

이로 인해 지난날 나의 삶은 참으로 힘든 하루하루였다. 연년생으로 낳은 두 딸 양육과 가정은 도외시한 채 오로지 모든 정열을 노동운동에만 쏟고 있는 남편 뒷바라지를 하느라 심신이 지쳐 있었다. 그 때 나의 소망은 남들처럼 남편이 가정만 돌보는 평범한 사람으로 하루빨리 되돌아오기만 소망했다.

반면 남편의 생각은 나와 달랐다. 자신의 노력으로 수많은 노동자들의 처우가 개선되어 그들도 행복한 삶을 영위할 수만 있다면 어떤 어려움도 감내할 수 있다는 결의로 꽉 차 있었다.

남편은 노동자들과 어울려서 틈만 나면 그 일을 핑계로 귀가 시간이 늦어졌고, 술을 마시는 횟수도 잦았다. 이러한 남편을 지켜보던 나는 그의 행동이 못마땅하여 설득도 해보았다. 또 가정에 소홀한 사람과는 더 이상 살 수 없으므로 보따리 싸 갖고 집을 나가겠다고 협박까지 했다. 하

남편의 외도外道

지만 그러한 나의 말은 마이동풍 격이어서 남편의 굳은 의지를 끝내 꺾지 못했다.

뿐만 아니었다. 쥐꼬리만 한 월급을 털어서 걸핏하면 그들의 애경사를 챙기느라 집안 살림은 더욱 쪼들렸다. 나는 아이들의 분유 값이라도 벌어보려고 닥치는 대로 부업을 했다. 하지만 좀처럼 어려운 집안 형편은 나아지지 않았다. 무엇보다 나를 힘들게 하는 것은 그 회사에 남편을 추천해 준 분의 압력이었다. 시누이 친구 분의 남편이기도 한 그분은 남편의 행동 여하에 따라 자신도 함께 옷을 벗어야 하는 입장이 되었다. 남편으로 인해 자신에게까지 불똥이 튈까 봐 전전긍긍하면서 매일이다시피 집에 찾아와 남편을 구슬리기도 했다. 남편은 자신의 뜻을 결코 굽히지 않았다.

그런 와중에 함께 근무하던 동료가 온몸에 신나를 뿌리고 분신자살을 시도해 목숨을 잃는 사건이 발생했다. 그가 남긴 유서 중에는 남편 앞으로 보낸 글도 있었다. 그는 그 글을 통해 자신이 그 동안 회사 측으로부터 받은 부당한 대우에 대하여 자세히 밝혔다. 철야작업을 하면서 회사를 위해 최선을 다하였지만 월급은 최저 생활비였다. 최저

김혜식 수필집

생계비로는 노부모님과 아이들 셋을 거느린 가장으로서의 역할을 제대로 할 수 없었다고 했다. 더구나 페인트 회사여서 화공 약품을 취급해서인지 폐에 이상까지 생겼지만 궁색한 생활 때문에 병원 한번 변변히 가보지 못하고 있는 실정이었다고 했다. 그러면서 그는 남편한테 자신처럼 혹독한 노동에 시달리는 딱한 처지에 놓인 노동자들을 위하여 그들의 애환을 어루만지는 따뜻한 손이 되어달라는 당부의 말까지 덧붙였다.

그가 머슴처럼 일하던 회사가 그를 죽음으로 몰아넣은 것이다. 그 점이 더욱 주위 사람들을 안타깝게 하였다.

그의 죽음을 접한 남편은 의기소침해져서 불끈 쥔 두 주먹에는 더욱 힘이 들어간 듯했다. 그런 남편을 곁에서 지켜보면서 처음에는 가정에 소홀한 남편이 참으로 야속했지만 차츰 남편의 일을 이해하기에 이르렀다.

오늘날 우리나라가 잘살게 된 것도 순전히 노동자들의 힘이 컸다고 하여도 지나친 표현은 아닐 것이다. 1970년대, 외화를 벌어들이기 위하여 여자들은 서독으로 가서 간호사로 취업했고, 남자들은 열사의 나라인 사우디아라비아에서 비지땀을 흘렸다. 국내에서는 새마을 사업과 '잘살아 보세'라는 기치 아래 가발 공장, 섬유 공장 등에서 여공들이 피땀 흘려 일한 덕분에 이만큼 우리가 풍요를 누리고 있다는 것은 누구나 다 알고 있는 사실이다. 그런 노동자들의 노고도 잊은 채 우리가 그들을 홀대하고 있었던 것은 아니었나 하는 생각마저 들었다. 그런 생각에 이르자 갑자기 남편이 하는 일이 대견스럽기조차 했다.

직장 동료가 분신자살을 한 후, 남편이 다니던 회사는 노사 간의 갈등의 골이 깊어져 파업에 돌입하였다. 울산 태화강 변에 모인 수많은 노동자들은 머리에 붉은 띠를 두르고 구호를 외치면서 며칠째 농성에 들어갔다. 그 어느 누구도 그들의 절규에 가까운 애끓는 호소를 들어주지 않았다. 오히려 불법 집회를 주도한 주모자들을 색출해 구속하기에 이르렀다. 가담한 사람들은 경찰서에 불려가서 조사를 받기도 했다. 남편도 경찰에 불려가서 조사를 받았으나 뚜렷한 혐의점이 없자 며칠 만에 석방되었다. 그를 기다리는 것은 노동자들을 선동해서 파업을 일으키게 한 장본인이라는 억울한 회사 측의 누명과 함께 날아온 해고 통보였다.

졸지에 실직자가 된 그는 가장으로서 집안 걱정보다도

김혜식 수필집

노동자들 곁에서 그들의 고통을 함께 나누지 못하는 것을 더욱 속상해 했다. 시간이 날 때마다 노동자들의 처지를 염려했다. 남편이 회사를 그만둔 이 후로 노동자들의 탄압과 착취는 더 극심해져서 나라 곳곳에서 노사 간의 문제가 불거져 나오기도 했다.

1980년대는 민주화의 불길이 한창 불붙던 때이다. 그 격동의 세월 속에서 남편이 스스로 택한 길은 유행가 가사 말대로 '영광의 길'이 아니었다. 어느 누구도 알아주지 않는 고난의 길이었다. 지금도 남편은 그 때 일을 상기하곤 한다. 그럴 때마다 남자로 태어나 약한 자의 편에 서서 그들을 위해 헌신하려 했던 그 순간만큼 일생을 통해 행복한 순간은 없었다면서 흐뭇해 한다. 비록 남편은 노동운동에 크나큰 행적을 남긴 것은 없다. 그렇지만 자신의 안일보다 힘없고 가진 것 없는 그네들의 편에 서서 잠시라도 고행의 길을 동행하려 했던 그 외도가 세월이 흐를수록 장하다는 생각이 들 뿐이다.

외도의 결과로 한때나마 실직의 고통을 경험했지만, 크게 보면 근로자의 권익을 찾는 데 일조를 했다 싶다. 그러니 외도가 아닌 정도正道였지 싶다.

백 년도 살지 못하면서

신문이나 텔레비전을 보기가 괜스레 겁이 난다. 경제 불황으로 인해 문을 닫는 기업이 날로 증가하여 일자리가 일년 새 78,000개나 사라졌다고 한다. 이런 절망스러운 내용에 연일 보도되는 정치인들의 비리 문제까지 곁들여 신문기사는 온통 잡티투성이다. 도무지 가슴을 청량시켜 줄 만한 흐뭇한 이야기라곤 눈 씻고 보아도 찾을 수 없다. 온통 의혹투성이요, 우울한 언어의 성찬뿐이다. 이런 어지러운 세태가 야속하기조차 하다.

세상이 갈수록 혼탁하고 암울해지고 있다. 이럴 땐 차라

김혜식 수필집

리 미물들이 부럽기조차 하다. 미물들은 자연과 공생하면
서 순리를 어기지 않고 사는 지혜를 갖추고 있다. 하다못
해 발밑을 기어 다니는 개미들도 그들 나름대로의 삶의
법칙이 있고 규율이 있다. 이종異種 간에도 서로 갈등 없이
협력하면서 살고 있는 점을 보면, 만물의 영장인 우리 인
간들이 그들에게 배울 점이 많은 듯하다. 개미와 진딧물간
의 공생 관계가 그렇다. 진딧물이 식물을 공격할 때 개미
는 진딧물의 안전을 도와주고 그 대가로 식물에서 빨아들
인 즙의 일부를 사이좋게 나누어 먹는다.

얼마나 공평한 협상인가. 하지만 우리 인간들은 이기심
이라는 고약한 마음보가 오장육부에 매달려 있어서인지
절대 자신이 취한 이득은 결단코 남 내주기를 꺼려한다.
그런 마음보는 정도의 차이일 뿐, 누구나 지니고 있는 본
능이다. 그렇기에 이를 어떻게 자제하고 남과 더불어 살아
가느냐에 비로소 진정한 삶의 가치와 인격의 향기가 있다.
그럼에도 우린 개미만도 못한 생을 살고 있는 것은 아닌
지. 자신에게 이익이 된다면 우격다짐을 해서라도 남의 밥
그릇을 빼앗아 차지하려고 안간힘을 쓰기 일쑤이기 때문
이다. 그러나 개미는 진딧물의 꽁무니에서 나오는 단물 방

백 년도 살지 못하면서

울을 감질나게 받아먹으면서도 진딧물을 통째로 삼키려는 흑심은 품지 않는다.

얼마 전, 학원을 마치고 퇴근하는 길에 우연히 평소에 안면이 있는 분을 만났다. 그는 작년에 나와 비슷한 시기에 이웃 상가에 입주해 장사를 하는 분이다. 얼굴 안색이 전과 달라서 안부를 물었더니 임대료가 종전보다 많이 인상되었다고 한다. 그렇지 않아도 불경기라서 장사도 안 되는데 엎친 데 덮친 격으로 임대료까지 인상되어서 걱정이 이만저만이 아니라고 했다.

내가 지금 학원을 운영하는 동네가 아파트 밀집촌이긴 하지만 실상은 소비성이 적은 마을이다. 아파트라고 해야 거의 소형 임대 아파트이고, 사람들의 소비심리까지 얼어붙은 상태라서 상거래 또한 활발하지 못하다. 그런 실정이면 건물주들이 상가 세입자들의 애로 사항을 헤아려서 다만 몇 푼이라도 임대료를 내려주어야 도리건만, 어디 돈 많은 사람들의 아량이 그러한가. 만석지기가 남의 쌀 한 섬을 넘본다고 세입자들의 사정이야 어찌됐든 청주에서는 금싸라기 땅이라고 일컫는 곳에 건물 좀 지어 올렸다고 그 유세가 하늘을 찌른다.

지난해 임대차 보호법이 발효되기 이전에 입주한 세입자들은 5년 동안의 임대 기간에서 2년으로 줄어들었다. 그런 탓으로 간신히 자리 잡을 만하면 점포를 비워야 하게 되었으니 그 마음고생이 이만저만이 아니다. 게다가 빈 점포가 많아서 건물주들이 점포 세 놓기에 혈안이 되어 있다. 한 건물에 같은 업종이 겹쳐 세를 놓아 경쟁은 더욱 심해지고 이웃 간에 정情마저 사라져 살벌하기 그지없다.

이런 정황을 직접 겪으면서 개미의 현명함을 문득 떠올리게 된다. 그들이 오랜 세월 동안 진화하면서 터득한 생존의 진리를 본받고 싶어서다.

개미가 진딧물의 꽁무니에서 나온 몇 방울의 단물로 만족해 하는 것은 나름대로 일리가 있다. 그들이 진딧물의 살코기가 탐나서 통째로 잡아먹었을 경우 닥칠 위기를 미리 감지하기 때문일 것이다. 개미에게 동료를 잃은 진딧물이 보호본능으로 딴곳으로 옮겨가 버리면 그 동안 받아먹던 몇 방울의 단물마저도 아예 맛을 못 볼 것이다. 눈앞의 이익 때문에 그런 우매한 짓을 할 리가 없다.

비록 미물들일망정 그들은 스스로 터득한 생존의 법칙을 통해 공존의 길을 가고 있다. 하물며 만물의 영장이라

백 년도 살지 못하면서

는 인간이 저들의 이익만을 취하려 하고 있으니 어찌 보면 미물만도 못한 것만 같지 않은가 싶다.

일자리를 잃는 일도 따지고 보면 노사 간의 원만한 관계가 이루어지지 않아서이다. 정치인들의 비리가 하루가 멀다않고 터지는 것도 무엇이든 단번에 끝장을 보려는 헛된 탐욕에 의해서이다.

건강관리만 잘하면 거뜬히 백년쯤은 살 수 있다고 한다. 그것도 천수를 타고난 사람들의 이야기이고, 한 치 앞도 내다볼 줄 모르는 게 인간인데 어찌 천년 살 욕심부터 미리 부리고 있는지 모를 일이다.

나부터라도 가슴속에 잔뜩 부려놓은 수많은 욕심들을 모두 덜어내어야겠다. 내게 소망이 있다면, 사는 그날까지 아름다운 모습으로 많은 사람들 가슴속에 오래도록 남고 싶은 게 내 작은 바람일 뿐이다.

김혜식 수필집

외할머니의 학鶴

학이 나래를 펴서 창공을 날며 아름다운 자태를 뽐내듯 나의 외할머니는 하늘을 날던 단정한 학이었다. 외할머니의 일생은 우아함 바로 그것이었다. 한쪽으로는 아주 엄격한 정통적인 한학자 집안에서 유교적 예절 교육을 몸에 익히어 생활의 절도가 몸에 배인 분이기도 했다.

학은 일생 동안 한번 운다고 하지만, 그 학이 내려앉은 곳은 외할아버지 댁이었다. 그 둥지에 내려와 살면서 미모를 겸비한 우리 어머니를 두었다. 나에게도 가끔씩 날아와서는 엄숙한 가르침을 주곤 했다.

어린 시절 외가에 가면 할머니는 한시漢詩를 읽곤 했다. 분명한 기억은 없지만 지금 돌이켜 생각해보니 두보의 시가 아니었던가 싶다.

"강물이 푸르르니 / 나는 새는 더욱 희고 / 산이 푸르니 꽃은 / 더욱 불타는 듯하다"

할머니는 아무리 무더운 여름날에도 신고 있는 버선을 벗지 않았다. 한산모시 한복을 곱게 차려입고 단아한 모습을 잃지 않으셨다. 그리고는 우리들에게 여자로서의 반듯한 몸가짐을 수없이 강조하였다.

"여자는 아무리 날이 더워도 맨발을 남에게 보여서는 아니된다. 말을 할 때는 누가 듣지 않아도 옆에서 듣고 있는 것처럼 말조심을 하거라. 여자는 속옷을 깨끗하게 하고 튼튼하게 입어라."

끝이 없었다. 그런데 할머니께서 갑자기 앞이 안 보인다고 외삼촌으로부터 다급하게 연락이 왔다. 나는 눈앞이 아

김혜식 수필집

찔했다. 눈이 보이지 않는 것은 캄캄한 어둠이고, 그 어둠은 절망이며, 빛의 차단이고, 세상 모든 것의 정지이며, 밝음의 무덤이었다.

힘없는 외삼촌의 목소리를 전화선을 통해 듣던 날 밤, 나는 잠을 이룰 수 없었다. 눈먼 학, 하늘을 날지 못하는 학이 얼마나 가여우랴… 나는 너무나 마음이 아팠다. 외삼촌은 할머니의 건강이 혹시 악화될까 봐 감히 수술할 생각도 못하고 있었다.

그 해 여름, 내가 외가댁을 찾았을 때 외할머니는 보이지 않는 눈 때문인지 몹시 수척해 보였다. 그처럼 우아하고 고귀했던 학의 품위를 서서히 잃어버리고 힘겨운 동작으로 날갯짓을 하고 있을 뿐이었다.

나는 학의 품에 안겨 울음을 터뜨렸다.

"얘야, 너무 상심 말아라. 나는 이제 살 만큼 살았잖니."

나는 울면서 말했다.

"안 돼요. 할머니 이대로는 안 돼요."

"나도 단 몇 시간만이라도 세상의 빛을 보고 죽었으면 여한이 없겠구나."

할머니는 헤어 나올 수 없는 어둠의 터널에 갇혀 비참한 심정으로 말하였다. 마치 사생결단이라도 내듯 외삼촌과 할머니를 설득해 다음날 할머니를 모시고 청주 시내에 있는 모 안과 병원을 찾았다. 진찰 결과 '노인성 백내장'이라고 했다.

"수술을 받으면 할머니의 눈을 고칠 수 있을까요?"

내가 다그쳐 묻자 의사 선생님은 머리를 갸우뚱하며 너무 고령이라 장담할 수가 없다고 했다. 나는 의사선생님께 단 몇 시간이라도 좋으니 제발 할머니께서 빛을 볼 수 있게 해달라고 어린아이같이 매달리며 간청했다.

드디어 수술이 시작됐다. 학이 하늘을 날지는 못해도 푸른 하늘을 마음껏 바라볼 수 있게 해 달라고 한 기도가 보람이 있어서였던가. 며칠 후 감았던 붕대를 풀고 할머니는 빛을 향해 눈을 뜨려고 했다. 그 순간의 초조함을 어찌 형언할 수 있으랴.

가까스로 조금 눈을 열었던 할머니는 우리들의 모습이 보이는지 흠칫 놀라더니 선명하게 앞이 잘 보인다며 빛을 주신 의사선생님께 고맙다는 말씀을 수없이 하였다. 의사도 그런 할머니의 모습을 보고 기분이 무척 좋은 듯 시종 웃음을 잃지 않았다.

김혜식 수필집

그 후 할머니는 '빛'과 '어둠'에 대해 아주 특별한 태도를 보였다. 아무리 뜨거운 여름철에도 어둠 비슷한 그늘 쪽은 절대 가지 않고 굳이 불볕 쪽일지라도 밝은 쪽으로만 걸었다. 밤에도 방안에 대낮같이 환한 전등을 밝혀 둔 채 잠자리에 들었다. 어둠은 질색이었고 한사코 밝음만을 택했다. 어둠은 거짓이고 허구이며, 비열함이고 감추어 놓은 부정부패임을 웅변으로 가르쳐주려 했던가.

우리 사회에 만연된 각종 사회 비리를 접하면서 학과도 같이 곱게 살아가신 할머니의 모습이 그 어느 때보다 진하게 가슴이 와 닿는다.

일생을 학처럼 곱게 살고, 말년에는 빛을 지향하며 여생을 살아간다면 얼마나 멋있고 떳떳한 삶이 되랴. 학 같은 할머니가 보여주신, 빛에 대한 옹호는 오늘을 사는 정치가나 기업인, 사회 지도층에 있는 모든 사람들이 한결같이 본받아야 할 정신이 아닐까 싶다.

걱정스런 까마귀엄마

세상에서 가장 쓸모없는 끈은 짧은 가방 끈이라는 우스갯말이 있다. 가을을 맞아 각 대학의 평생교육원에서는 다양한 교육강좌를 개설하고 있다.

나도 이참에 공부를 해둘까 하는 욕심이 불현듯 생겼다. 어느 대학의 평생교육원 광고를 훑어보다가 베이비시터라는 직종의 강좌가 눈에 띄었다. 큰딸아이에게 배울 의사를 슬쩍 비춰보았다. 그러자 딸아이는 애 보는 것이 질색인 엄마가 어떻게 남의 애를 돌보느냐며 의아한 표정을 짓는다. 딸아이의 그 말 한마디에 왠지 마음이 찔린다.

나는 평소 세 딸아이들 앞에서 시집가서 애기 낳으면
나한테 맡길 생각은 아예 말라고 오금을 박아두었다. 그럴
때마다 딸아이들은 자신들이 능력 있는 여성이 되어서 스
스로 아이 양육문제를 해결하겠노라고 입을 모았다. 한치
앞도 내다볼 수 없는 게 인간사이다. 앞으로 내 처지가
어찌될지 모르지만, 그런 딸아이들의 말을 들으니 다소 안
심이 된다. 노년의 나의 삶을 손자 손녀들의 양육이라는
힘겨운 족쇄에 채워질 생각을 하니 지금부터 지레 겁을
먹었던 게 사실이다. 그런 내 마음을 헤아리기라도 하는
듯 딸아이들은 저희들의 능력으로 제 자식들을 키운단다.

지금 정부에서는 '잘 키운 딸 하나 열 아들 안 부럽다'
라는 지난날의 구호가 무색하게 셋째 아이를 출산하면 장
려금까지 준다며 출산을 부추기고 있다. 하지만 그런 정
부의 바람과는 다른 게 우리의 현실이다. 우리나라 교육
실정도 그러려니와 무엇보다 보육 정책 제도의 미흡 때문
이다. 젊은 층의 맞벌이 부부가 증가추세인 요즈음 홍부
처럼 애만 많이 낳으면 어느 누가 그 아이들을 돌보아준
단 말인가. 출산율을 높이기 위해 일본에서는 1994년 5
개년 계획으로 0-2세 보육, 오후 6시 이후의 보육 등을

걱정스런 까마귀엄마

강화하는 '에인절 플랜'을 도입해서 공 보육의 기반을 마련했다고 한다.

우리나라도 사실 여성들의 능력을 한껏 발휘하게 하려면 무엇보다 보육정책제도가 제대로 수립되어야 한다. 외국에 비해 우린 아직도 보육인프라가 취약한 나라이다. 따라서 여성들에게 사회에 기여할 수 있는 기회를 제대로 부여해 주려면 휴일 보육 및 재택 어린이 지원 등의 보육정책이 시급한 실정이다.

향후 10여 년 안에 우리의 보육정책이 질적 전환점을 찾지 못한다면 그 땐 내가 지금 딸아이들한테 다짐해 두었던 말을 까맣게 잊은 듯한 까마귀엄마신세가 될지 모를 일이다. 노년의 내 구부정한 등을 손자 손녀들의 몫으로 남겨두어야 하는 게 아닌가 걱정이 앞선다.

그리움을 그리워하며

온 세상을 뜨겁게 달구었던 무더위도 이제 그 끝자락을 감출 날이 머지않은 모양이다. 입추가 지나고 처서도 지났다. 그래서인지 아침저녁으로 불어오는 바람결에선 벌써 가을 냄새가 묻어나는 듯하다.

며칠 전 귀한 분으로부터 받은 초대장을 가슴에 품고 연꽃 축제가 열리는 전남 무안에 있는 회산 백련지를 찾았다. 10만여 평의 너른 못을 가득 채운 순백의 백련의 자태가 고아하여 기품 있는 귀부인의 모습을 보는 듯했다.

못 안의 물을 들여다보니 진흙투성이다. 연꽃은 그 곳에 뿌리를 내렸어도 더러움에 물들지 않는다. 연이 자랄 때는 이렇듯 더러운 물도 오히려 맑아진다고 한다. 연꽃은 가히 처염상정處染常淨의 성정으로 불릴 만하지 않은가.

연꽃의 향훈은 멀리서 맡을수록 은은하고 향기롭다. 그 모습이 마치 덕을 갖춘 사람의 모습과 흡사하다. 맑은 물에 꽃잎이 씻겨도 결코 요염하지 않다. 늘 순백의 모습을 잃지 않고 있으니, 과연 꽃 중의 군자라 부를 만하다.

연꽃은 정오를 전후로 하여 꽃을 피운다. 그런 연유인지 연꽃을 자오련子午蓮이라고도 부른다. 아침이면 밤새 꼭 다 물었던 꽃잎을 조금씩 연다 하여 아침 일찍 일어나 그것을 보기 위해 일부러 못 안의 연꽃을 찾았다. 눈을 씻고 꽃들을 들여다보았다. 그러나 아무리 애써 꽃들을 들여다봐도 내가 혜안을 미처 갖추지 못해서인가. 꽃잎이 열리는 모습을 끝내 볼 수 없었다.

밤새 입 다문 연꽃의 개화를 보려면 곁에서 꾸준히 지켜보아야 한다. 하지만 그만한 마음의 여유조차 내게 있을 리 없다. 생업이 걱정되어 행사 다음날 무안을 떠나야 했다. 집으로 돌아오면서 연꽃이 꽃잎을 벌리는 모습을 직접 나의 눈으로 확인하지 못한 것에 대한 아쉬움이 내내 머릿

김혜식 수필집

속을 떠나지 않았다. 한편으론 삶을 언제나 여유롭게 살아볼까 하는 생각이 들자, 불현듯 일상을 탈피해 며칠쯤 훌훌 어디론가 또 떠나고 싶은 생각이 간절했다.

현대인들은 바쁘다는 말이 입버릇처럼 몸에 배어 있다. 오전에 전화하여 집안에 있는 주부들은 왠지 게을러 보이고 무능하다는 생각이 들 정도라 하니 요즘 세상엔 바쁘게 산다는 게 삶의 미덕처럼 여겨질 정도이다. 그래서인지 만나는 사람마다 첫인사말이 '요즘 무척 바쁘시죠?'이다. 나 역시 바쁜 것은 사실이다. 일에 떠밀려 바쁘고 생활에 바쁘다. 남보다 많은 것을 욕심 주머니에 잔뜩 채우느라 나는 더 바쁘다. 예닐곱 살 된 어린아이들마저 유치원에서 학원으로 온종일 배움의 순례를 하느라 바쁜데, 생존 경쟁에 시달리는 어른이니 더 말해 무엇하랴.

삶에 쫓기면서 살다보니 마음 밭은 더욱 삭막해져 간다. 마음속의 그리움이 고일 겨를이 없다. 한데 무안 연꽃 축제를 다녀온 후 내게 묘한 그리움이 한 가지 생겼다. 연꽃잎이 개화하는 것을 보지 못한 아쉬움이다. 이찌 보면 내겐 그것도 그리움의 한 종류가 아닐까 싶다. 유년시절, 비갠 하늘 가에 찬란한 무지개가 뜨기를 간절히 고대했으나

그리움을 그리워하며

실망만 컸던 것처럼 연꽃의 개화를 보지 못한 안타까움이 내내 가슴에서 떠나질 않았다.

그리움은 대상이 필요한 마음 자락인가 보다. 대상에 따라 그리움의 강도도 다를지 모른다. 쫓기듯 살아가는 삶 속에서 특정한 대상을 향해 보고픔을 갖는다는 것은 인간만이 누릴 수 있는 정서의 특권이다. 가슴속에 그리움이 가득 고여 있는 사람은 마음이 순수하고 여유로워 행복한 사람이 아닐까 한다.

'바쁠수록 돌아가라'는 말처럼 마음의 여유를 가져야겠다. 이 가을엔 그 동안 욕망의 뒤꽁무니만 정신없이 쫓아가던 발길을 잠시 멈추련다. 메마른 가슴에 아름다운 그리움의 샘도 가꾸어야겠다. 이미 때가 늦었을지라도 마음으로나마 사랑에 대한 그리움이라도 은밀히 가슴속에 지닌다면 나의 인생도 더욱 행복으로 가득 차지 않을까 싶다.

김혜식 수필집

마음의 창을 닦으며

며칠 전 구두를 수선하러 동네에 있는 구두 수선집엘 들렀다. 오십대 중반의 구두 수선공은 재빠른 손놀림으로 구두를 수선한 후, 구두를 내게 건네주며 민망할 정도로 내 얼굴을 빤히 쳐다본다. 그리고는,

"아주머니, 처녀 때는 예쁘다는 소리 주위에서 많이 들었겠어요. 총각들 꽤나 울렸겠습니다. 아주머니 눈빛을 보면 모두 맥을 못 추었겠어요."

라고 농담을 한다. 그는 나의 눈빛이 너무 초롱초롱한 것이 때론 흠이 될 수 있으니 안경을 써서 눈빛을 가려보라고 대뜸 권했다.

집에 돌아와 곰곰이 생각해 보니 구두 수선공의 농담 섞인 충고지만 무심히 지나칠 말이 아닐 성싶었다. 처녀 때도 주위 사람들에게 이와 비슷한 이야기를 들은 기억이 있어서이다.

지나칠 만치 형형한 눈빛 때문에 나의 첫인상이 유독 차 보여서 총각들이 섣불리 근접할 수 없었다는 이야기를 종종 듣기도 하였다.

그래서인지 남성들이 먼발치서 나를 보고 반해 쫓아왔다가 정면으로 나와 눈이 마주치면 미처 말도 건네지 못한 채 발길을 돌리기 일쑤였다.

돌이켜 생각해보니 지난날 귀찮게 따라다니던 총각들을 격퇴시킬 수 있었던 비장의 무기가 나의 눈빛임을 새삼 깨닫는다. 요즘 사회문제로 떠오르는 스토킹을 한번도 당하지 않은 것도 어찌 보면 날카로운 나의 눈빛 덕분인 것 같아 그럴 땐 쓸모 있다는 생각마저 든다.

학원을 운영하느라 많은 학부모들을 대하게 된다. 그 때문인지 집에서 전업 주부로 있을 때와는 달리 나의 외모에 대하여 주위 사람들의 칭찬 겸 충고의 말에 자꾸만 마음이 쓰인다. 강한 나의 눈빛이 자칫 대인관계에 많은 지장을 초래할 것 같아서이다. 해서 나는 서둘러 시내 안경점엘 들렀다. 안경점 주인에게 눈빛 가리개용으로 안경을 맞추러 왔다고 하자, 안경점을 이십여 년 가까이 경영하지만 남성도 아닌 여성이 눈빛이 강렬해서 안경을 맞추러 온 손님은 내가 처음이라고 했다.

그 날 나는 별난 여인이 되어서 눈빛을 가리는 목적으로 연한 색의 렌즈를 사용한 안경을 맞췄다. 안경을 쓰고 거울을 보니 연한 색이나마 색깔 있는 렌즈를 사용해서인지 다소 나의 날카로운 눈빛을 가리는 듯하였다. 그러나 이는 임시방편일 뿐, 헛된 욕심과 이기심으로부터 나오는 마음의 눈빛을 안경을 썼다 하여 감쪽같이 감출 수는 없을 것이다.

처녀 때는 지금과 달리 한편으론 눈빛이 맑고 지성적이라는 평도 듣기도 했다. 그러나 요즘은 삶에 젖어선지 내 눈에도 어느덧 먼지가 가득 끼어서 예전의 순수한 눈빛을 잃은 지 오래이다.

처녀도 아닌 중년의 나이에 이른 나에게 내 눈이 초롱초롱 빛난다는 뜻은 내가 듣기 좋으라고 하는 말일 것이다.

마음의 창을 닦으며

처녀 때의 아름다운 눈빛과 달리 지금은 잔뜩 낀 마음의 때로 인해 눈빛 또한 혼탁하게 보인다는 뜻일 게다. 아집, 과욕, 이기심으로 얼룩진 마음일진대 어찌 마음의 창인 눈빛인들 영롱하고 선할 수 있으랴.

그래서일까. 젊은 날처럼 세상을 밝게 보지 못하고 더러 어두운 면만 바라보게 되는 경우가 있다. 그러나 그러한 나의 사고방식이 얼마나 그릇된 것인가를 새삼 깨닫는다.

얼마 전 신문에서 읽은 기사가 나로 하여금 나의 마음의 창에 낀 갖가지 세속의 때를 모처럼 말끔히 닦을 수 있는 계기를 만들어 주었다.

서울 모 아파트 경로당에서는 시각 장애인들이 '사랑의 약손 결사대'를 결성하였다고 한다. 지역 관내 노인 분들에게 안마와 침술을 무료로 정성껏 해드리는 것은 물론, 독거노인들을 직접 방문해 말벗도 돼 드린다고 했다.

자신들도 사회로부터 냉대를 받는 장애인의 처지이다. 그럼에도 외로움과 노환에 시달리는 노인 분들의 딱한 처지를 배려해 주는 그들의 따뜻한 마음이 무척 가슴에 와 닿았다. 소외계층인 그들이 뜻있는 일을 하는 것을 보면서 나는 새삼 내 마음의 창을 들여다보았다.

김혜식 수필집

창 안에는 그 동안 내 마음의 욕망의 망태기만 욕심껏 채운 듯하다. 남의 고통쯤은 나의 고뿔만큼도 여기지 않고 살아온 날들만 속속들이 드러나 보이는 듯했다. 그래, 안일한 삶만 추구하느라 더불어 사는 아름다움을 헌신짝처럼 내팽개치진 않았는가. 눈앞의 이익에만 집착한 것은 아닐까 하는 자괴감에 젖기도 하였다.

영국의 정치가 카즈레르는 "돈은 밑바닥 없는 바다다. 이 속에 명예도, 양심도, 진리도 모두 빠져 버린다."라고 했다. 그 말을 어느 때보다 실감하며 그들 앞에 더욱 부끄러움이 앞서니 이래저래 나는 아직도 정신적 미숙아인가.

아름다운 노년

스페인의 작가 칼테론은 「인생은 꿈」이라는 희곡에서 '한순간의 꿈이 인생'이라고 표현했다. 정말 그러한가 보다. 먹물 같던 내 귀밑머리에도 어느새 희끗희끗 서리가 내리기 시작하였다. 지난날 청순하던 외모도 간 곳 없어 젊음이 한때라는 말이 가히 실감 난다.

세월이야 붙들어 매어놓은 게 아니니 꿈결처럼 사라짐이 자연스런 일이다. 그렇다 하더라도 이따금 "아, 옛날이여"를 읊어야 하니, 참으로 세월의 무상함이 아쉽기만 하다. 언제까지고 젊음을 유지할 줄 알았건만 그게 다 허상

김혜식 수필집

이었다. 하지만 영원히 시들지 않는 한 떨기 장미꽃이고
싶다.

나는 중년 나이에 이르러도 삶의 원천적인 것의 해답을
구하지 못하고 있다. 청춘도 어느 사이 황혼으로 기울고
있다. 지금껏 보지 못한 삶의 실체를 어찌 대할 수 있단
말인가. 그나마 해답을 생각해 볼 수 있는 계기가 없지
않았다.

평소 친분이 있는 60대 중반의 여성분을 만난 일이 있었
다. 그 분은 외출 후 집으로 돌아와서 벗어놓은 신발을 바
라볼 때마다 '내일 아침에도 저 신발을 과연 다시 신을 수
있을까.' 하는 걱정에 잠기곤 한다고 했다. 점점 자신에게
다가오고 있는 듯한 죽음의 그림자가 두렵기만 하다는 것
이다. 자신과 가까이 지내던 친구들이 하나 둘 이런저런
이유로 세상을 떠나고 있어 더욱 죽음에 대한 불안감을 떨
칠 수 없다고 했다. 그 분의 말이 한동안 초연하기만 했던
아니, 남의 일로만 여겨왔던 죽음을 깊게 떠올리게 했다.

사람은 누구나 연령, 건강에 상관없이 죽음에 이르게 된
다. 나는 그 동안 그것을 까맣게 잊은 채 내가 마치 불사조
라도 되는 양 착각하고 지내온 게 사실이다. 죽음이 인간
사의 당연한 귀결인데도 무지하게도 은연중 그것이 나에

게만은 비켜갈 것이라고 믿어왔는지도 모른다.

젊음이 잠깐인 것을 이제야 깨닫는가. 미래에 닥칠 죽음을 준비하기 위해서는 그것의 두려움을 피해서는 안 된다. 오히려 아름답게 늙는 것만이 죽음을 의연하게 맞이하는 자세라는 생각이 들자 문득 지나온 삶이 부끄러웠다. 죽음은 삶을 다듬고 삶은 죽음을 낳는 회임의 기간이었다. 그럼에도 나는 인간으로서의 자존을 제대로 지키지 못하고 오로지 눈앞에 보이는 물질에만 연연해 살아온 것이 아닐까 싶다.

앞으로 닥칠 나의 노년의 삶을 아름답게 채색할 수 있는 길은 베풂과 너그러움에 있지 않나 싶다. '곱게 늙었다'는 의미는 겉모습만 보고 판단하는 말은 아닐 것이다. 오히려 내면의 무르익음이 더 큰 몫을 차지하리라. 지난 세월 살아오면서 가슴 깊이 쌓아두었던 온갖 욕심이나 욕망을 마음에서 내려놓았을 때 우린 잘 늙었다는 말을 듣게 되지 않을까.

아름다운 노년을 생각하며 지금부터라도 삶의 순간순간을 타인에 대한 관용, 베풂, 신뢰로 덕을 쌓는 일을 게을리하지 않는 법을 미리 연습해야겠다. 비록 훗날 내 모습이 할미꽃으로 변해 있어도 진심으로 사람답게 살면, 나는 세상에서 가장 아름다운 할미꽃이 되지 않을까 싶다.

김혜식 수필집

죽어도 좋아

가슴이 몹시 두근거렸다. 땅위로 굴러 떨어지는 숫자를 바라보면서 온몸으로 전해져오는 짜릿한 희열 때문에 두 눈은 이미 벌겋게 충혈해 있었다. 종이를 쥔 손마저 떨리더니 급기야 온몸이 사시나무 떨듯 떨려왔다. 그러나 마지막 구슬에 적힌 숫자를 확인하는 순간, 종전의 가슴 설렘은 어디로 가고 허탈감이 일시에 온몸을 엄습해 왔다. 두 다리에 힘이 쭉 빠지기까지 했다.

이번에 나의 뜻이 제대로 이루어졌다면 생을 통해 천하를 얻은 것처럼 행복했을 텐데 역시 허사였다. 그것으로 미루어보아 지금껏 꿈꾸어온 그에 대한 사랑은 나만의 짝사랑이었나 보다.

내가 사랑하는 애인에 대한 자랑을 하자면 이러하다. 어느 남편이 아내의 생을 이분처럼 알토란같이 챙겨줄까. 그 어느 자식이 이처럼 부모에게 아름다운 자유를 안겨줄 것이며, 아무리 무조건적인 부모님의 사랑이라 한들 이분처럼 몸과 마음을 한껏 환희의 극치에 도달하도록 해 주겠는가. 그래서 난 그이를 죽어도 좋을 만큼 사랑한다.

어느 사석에서 일이다. 어떤 이가 우스갯소리로 사십 대에 애인이 생기면 '무덤덤이'이라고 했다. 또 오십대에 애인이 생기면, '가문의 영광'이고, 육십대에 애인이 생기면 '죽어도 좋아'라고 해서 배꼽을 잡은 일이 있다.

그런데 나는 그를 생각하면 죽어도 좋을 만큼 그가 왜 사랑스러울까. 솔직히 그 숨겨놓은 애인은 나의 마음을 온통 사로잡는 마력이 있다. '무덤덤'하고는 거리가 멀다.

그 마력은 블랙홀 같아서 가까이 접근하면 할수록 그 내면 깊이 나를 빨아들인다. 그 흡인력은 실로 놀라워 때론 나의 이성을 마비시키고, 오르가슴의 절정으로 나를 이끌기도 한다. 그 애인 생각에 밤마다 잠 못 이룬다는 것은 이제 으레 애교에 가까운 엄살이 됐다. 여느 땐 좀처럼 굽히지 않던 내 자존심도 그이 앞에선 허리가 반쯤은 꺾인 채 헌신짝이 된 지 오래이다.

언젠가 신문에 난 기사가 떠오른다. 기혼녀가 애인에게 집착하는 것은 화냥기에 의해서가 아니라, 자아 정체성 때문이라고.

물론 나도 그런 여인 중에 한 사람일지도 모른다. 솔직히 열렬한 사랑도 때가 되면 움직인다고 한다. 그에게 향한 내 사랑이 영원불변인 것을 보면 아마도 자아 정체는 아닌 성싶다. 분명 그에 대한 병적이라고 할 만큼 지나친 집착이고 몰입에 가깝다.

그이는 야누스처럼 두 개의 얼굴을 지니고 있다. 그이를 만나면 행복과 불행이 교차된다.

어제까지 다정했던 연인이 그이를 소유하고부터는 아름다운 사랑마저도 유리알처럼 깨트렸다는 방송 보도도 있다. 때론 그이를 소유한 사람을 나태하고 불성실하게 만들기도 한다.

여자란 참으로 심리가 묘한 구석이 있다. 자신이 애착을 갖고 있는 대상은 혼자 독차지하려는 욕심이 있다. 물론 나도 그러하다.

내 욕심이 원초적인 것에 가깝다. 그것을 헛된 욕망이라고 말할 수는 없는 노릇이다.

사실 그이에게 조금은 부끄럽다. '바늘 갖고 황소 낚는다'라는 말처럼 내가 그이에게 베푼 것은 너무도 미미하다. 난 엄청난 자본이라도 그이에게 투자한 양 손가락으로 일주일을 헤아리며 그와의 랑데부를 꿈꾸기도 한다.

하나 그는 냉담하게 내 곁에서 멀어져 갔다.

그가 떠난 발자국이라도 다시 따라 밟아보려 오늘도 복권방에서 지갑을 열고 있다.

어느 애연가의 감자주먹

"너 밖에서 너를 구하지 말라!" 미국의 시인이며 사상가인 에머슨은 지식보다는 행동을 앞세워 신생국 국민에게 새로운 삶의 윤리를 제시했다.

에머슨의 초월주의를 유난히 신봉하며 애연가이기도 했던 한 여인을 알고 있다. 이미 고인이 된 그녀는 생전에 남성우월주의가 우세한 이 땅에 여자로 태어난 것에 대한 저항과 억눌림의 무게를 담배 개비에서 뿜어 나오는 연기로 위로 받으려 했다. 그녀에게 담배는 어쩌면 방황과 혼돈의 청춘의 강을 건너게 한 유일한 나룻배였다. 고뇌와 역경을 견디게 한 마음의 위안자이기도 했다.

처음 그녀를 커피숍에서 만났을 때 그녀는 가느다란 담배 개비를 손가락 사이에 끼운 채 허허로운 표정으로 허공에 연기로 동그라미를 그렸다. 그 모습이 무척이나 인상적이었다. 아직까지 우리 사회는 공공장소에서 담배를 꼬나 물고 있는 여인을 곱지 않은 시선으로 바라본다. 그녀는 그런 세인의 시선 따윈 아랑곳하지 않았다. 아주 자연스럽고 당당하게 간간이 담배를 피워 물곤 했다.

독실한 가톨릭 신자였던 그녀는 흡연 외에 술도 잘 마셨다. 박정희 독재 정권 때인가. 스무 살의 나이로 대학 생활을 시작한 그녀는 여자를 억압하는 담배를 피워 물고 유신 반대의 행렬에 앞장섰다. 사회의 부조리에 대한 일종의 항거였다. 일탈을 향한 본능적인 욕망이요, 금기에 저항하려는 자유의 갈망이기도 했다. 당시 대학생들에게 공부 외에 허용된 것은 술과 담배뿐이었다. 그나마도 남학생에 한해서였다. 담배는 여학생에게 제한된 기호품이었다.

그녀의 건강이 염려돼 시간이 날 때마다 나는 금연을 권했다. 그럴 때마다 그녀는 근 삼십여 년 가까이 생사고락을 함께한 연인이자 친구이기도 한 담배여서 선뜻 금연을 할 수 없다고 했다. 흡연을 통해 남 모르게 느끼는 정신적 쾌

김혜식 수필집

감을 내가 모르고 하는 소리라고 오히려 핀잔을 하곤 했다.

그랬다. 남편의 걷잡을 수 없는 바람기와 폭력, 의처증에 시달리던 그녀에게 담배는 삶의 돌파구며 가슴에 펄럭이는 해원의 깃발이었는지도 모르겠다.

그녀가 기호품으로 흡연을 택한 것은 사회 구석구석에 잔재해 있는 가부장적 제도에 대한 무언의 항변의 표현이었는지도 모른다. 아직도 이 땅에 살고 있는 여성들의 가장 큰 미덕은 오로지 남성에 대한 순종만이 으뜸이라고 여기는 사회의 그릇된 편견에 대해 내지르는 감자주먹이기도 하였다.

감자주먹은 가슴에 응집된 감정을 한껏 주먹에 모아 세상을 향해 불쑥 내지르는 분노의 표출 방법이었던가. 그녀의 삭혀지지 않는 가슴의 응어리는 어린 시절부터 마음 한구석에 자리해 왔으리라. 딸만 여덟인 집안에 막내로 태어났다. 남존여비 사상이 강한 집안에서 아들을 낳지 못한 죄로 남편 앞에서 평생을 숨죽이며 살아야 했던 어머니의 모습을 지켜보며 자란 그녀. 나중에 크면 남자의 능력을 능가할 만큼 당찬 여성이 되리라는 결심까지 하며 성장했다. 하지만 남성 우월주의의 세상을 살면서 자신의 바람과

어느 애연가의 감자주먹

는 달리 똑똑한 여성이 발붙이기엔 이 사회가 생각처럼 그리 만만치 않다는 사실을 뼈저리게 실감해야 했다.

　그는 주위에서 억척여성으로 평판이 나 있었다. 대학을 졸업한 후 노동자들의 삶을 직접 체험해보겠다는 의지로 산업체에 위장 취업을 하기도 했다. 밤늦도록 잔업까지 하면서 그들의 애환을 함께 헤아렸다. 열악한 환경에서 혹사당하는 그들의 처지에 가슴 아파하며 노조 운동에도 참여했다. 위장 취업이라는 신분이 탄로 나고 직장에서 해고를 당한 후 하루 한 끼 라면으로 끼니를 때울 만큼 생활이 어려웠다. 그럼에도 불구하고 자신보다 노동자들의 아픔을 먼저 걱정하였다.

　사랑에 눈이 멀어 나이 사십에 초등학교 학력이 전부인 택시 운전기사와 뒤늦은 결혼을 했다. 대학까지 나온 그녀가 자신보다 못한 학력의 소유자와 결혼을 감행한 이유가 나로선 멋있었다. 대다수의 현대 여성들이 사랑에 의한 결혼이라기보다는 결혼을 한낱 신분 상승의 도구쯤으로 여기는 것에 대한 강한 거부감에서 빚어진 그녀의 선택이었기 때문이다. 비록 여성이라도 자신의 삶을 남성에게 전적으로 의존해 사는 것은 바람직한 일이 아니라고 여긴 그녀

김혜식 수필집

였다. 여성일수록 남성 못지않은 능력과 자질을 배양시켜야 한다며 여성 운동에도 많은 관심을 기울였다.

현실은 냉혹해 여성에게 드리워진 성차별의 음습한 그늘은 기호품이기도 한 담배마저도 그 속으로 숨어들게 했다. 그릇된 사회의 제도를 비웃기라도 하는 것이었을까. 그녀는 여성 폄훼, 여자가 받아야 하는 사회적 속박의 그늘을 벗어나고자 찬란하게 눈부신 햇살 아래 당당한 태도로 서서 담배를 피워 물곤 했다. 그녀의 그런 모습이 왜 그리도 당당해 보였을까. 가끔 그런 모습을 곁에서 바라볼 때마다 함께 담배를 한 개비 피워 물고 싶은 충동마저 느꼈었다.

그렇다고 내가 무조건적인 담배 예찬론자는 아니다. 인체에 끼치는 담배의 해악을 충분히 알고 있기는 하다. 하지만 담배는 남성의 전유물만도 아니다. 담배 피우기를 통한 정신적 카타르시스도 있다고 보면 여성들의 담배 피우기를 꼭 남성 우월주의 시각에서만 바라볼 것도 아닐 것이다.

그녀는 흡연을 하면서 우리 사회에 하루속히 양성 시대가 도래到來하기를 마음속으로 간절하게 염원하였을 것이다. 사회의 부조리, 남녀 성차별에 대한 불만의 감자주먹을 수없이 허공에 내지르며 담배 연기를 내뿜었을 그녀의 모습이 오늘따라 왠지 몹시 그립다.

어느 애연가의 감자주먹

김혜식 수필집

내 안의 무늬가 꿈틀거렸다

인　　쇄 / 2006년 8월　5일
발　　행 / 2006년 8월 10일

지 은 이 / 김　혜　식
펴 낸 이 / 서　정　환
펴 낸 곳 / 수필과비평사

출판등록 / 1984년 8월 17일 제28호
주　　　소 / 서울시 종로구 익선동 30-6
　　　　　　운현신화타워빌딩 2층 207호
전　　화 / (02) 3675-5633, (063) 275-4000
팩　　스 / (063) 274-3131
홈페이지 / http://www.shin-a.co.kr
전자우편 / shina@shin-a.co.kr
　　　　　shina321@chol.com

값　9,000원

ISBN　89-5925-146-1　03810

■ 저자와 합의, 인지는 생략합니다.
■ 잘못된 책은 바꿔드립니다.

이 책은 충청북도 문화예술진흥기금 일부를 지원 받아 발간되었습니다.